Proteja a sus hijos del internet

Rafael Darío Sosa González

Colección Seguridad Privada
Securityworks
Protección Integral

CONTENIDO

PROLOGO

Internet ha transformado la forma en que interactuamos, aprendemos y nos divertimos. Es difícil imaginar la vida sin la capacidad de conectarse instantáneamente con personas de todo el mundo, acceder a una cantidad sin fin de información o disfrutar de una amplia variedad de entretenimiento digital. Sin embargo, con estas nuevas oportunidades también han surgido nuevos riesgos, especialmente para nuestros hijos.

El acceso a Internet ha permitido que los niños tengan acceso a un mundo de posibilidades, pero también los ha expuesto a nuevos peligros. Desde el ciberacoso hasta la exposición a contenidos inapropiados, la tecnología nos ha planteado nuevos desafíos para proteger a nuestros hijos. Como padres, abuelos, tutores y cuidadores, debemos estar al tanto de estos peligros y tomar medidas para proteger a nuestros hijos.

En este libro, te proporcionaremos información detallada sobre los principales riesgos a los que están expuestos nuestros hijos en Internet y las mejores prácticas para prevenirlos. Al final de la lectura, tendrás una comprensión más sólida sobre cómo proteger a tus hijos de amenazas como el acoso, el contenido sexual, las noticias falsas, el código malicioso y mucho más.

Una de las preocupaciones más comunes entre los padres es el acoso en línea. Desafortunadamente, el ciberacoso es un problema creciente que puede tener graves consecuencias para la salud mental y emocional de nuestros hijos. A menudo, los acosadores utilizan la tecnología para molestar, amenazar o intimidar a sus víctimas, lo que puede causar ansiedad, depresión y otros problemas psicológicos.

Es importante que los padres sepan cómo reconocer las señales de que su hijo está siendo acosado y cómo abordar el problema de manera efectiva. Te proporcionaremos información sobre cómo detectar el ciberacoso y qué hacer para detenerlo. También discutiremos cómo enseñar a tus hijos a protegerse a sí mismos y a otros de los acosadores en línea.

Otro riesgo importante en Internet es la exposición a contenidos sexuales inapropiados. Los niños son especialmente vulnerables a este tipo de contenido, que puede afectar negativamente su desarrollo y bienestar emocional. Los padres deben estar atentos a las señales de que su hijo ha estado expuesto a este tipo de contenido y tomar medidas para limitar su exposición en el futuro.

Te proporcionaremos herramientas y consejos prácticos para proteger a tus hijos de contenidos sexuales inapropiados. También te enseñaremos cómo hablar con tus hijos sobre sexualidad y educarlos sobre los peligros de Internet. Con el conocimiento adecuado, podrás guiar a tus hijos hacia un comportamiento en línea saludable y responsable.

Otro peligro en línea que se ha vuelto cada vez más común es la propagación de noticias falsas y desinformación. La información falsa y engañosa puede ser perjudicial para nuestros hijos y para la sociedad en general. Es importante que los padres enseñen a sus hijos a ser críticos y escépticos cuando se encuentren con noticias en línea.

En este libro, te proporcionaremos herramientas para ayudar a tus hijos a distinguir entre información verdadera y falsa en línea. También te enseñaremos cómo fomentar el pensamiento crítico y cómo enseñarles a buscar fuentes confiables y verificadas. Con estos conocimientos, tus hijos podrán protegerse a sí mismos y a otros de la desinformación y hacer juicios informados sobre lo que ven en línea.

Las redes sociales también representan un riesgo importante para nuestros hijos. Las plataformas de redes sociales pueden ser una gran herramienta para conectarse con amigos y familiares, pero también pueden ser un lugar donde se produzca ciberacoso, se compartan contenidos inapropiados y se exponga información personal.

Te proporcionaremos información sobre cómo proteger a tus hijos en las redes sociales, incluyendo cómo supervisar sus actividades en línea, configurar la privacidad de sus cuentas y enseñarles a interactuar de manera segura con otros usuarios en línea.

Además, es importante estar al tanto de las amenazas de seguridad en línea, como el código malicioso y los virus informáticos. Estos riesgos pueden poner en peligro la privacidad y la seguridad de nuestros hijos y sus dispositivos electrónicos.

En este libro, te proporcionaremos información sobre cómo proteger a tus hijos de estos peligros y cómo prevenir la exposición a software malicioso y virus en línea. También discutiremos las mejores prácticas para mantener los dispositivos de tus hijos seguros y proteger su información personal.

En conclusión, este libro es una guía completa para ayudar a los padres a proteger a sus hijos de los riesgos de Internet. Los padres tienen la responsabilidad de educar y guiar a sus hijos en la era digital, y esperamos que este libro proporcione las herramientas y el conocimiento necesarios para hacerlo de manera efectiva.

Es importante recordar que, aunque Internet puede ser una herramienta increíblemente útil, también presenta riesgos significativos. Como padres, es nuestra responsabilidad garantizar que nuestros hijos estén seguros en línea y equiparlos con las habilidades necesarias para navegar en el mundo digital de manera segura y responsable.

Este libro es una herramienta esencial para cualquier padre que quiera proteger a sus hijos de los peligros en línea. Esperamos que encuentres la información y los consejos útiles y que puedas aplicarlos en tu vida cotidiana para proteger a tus hijos y mantenerlos seguros en el mundo digital.

Janer Quintero Avilés

Administrador de Empresas + Consultor de negocios + Evaluador de modelos de negocios.

La era del conocimiento

En la era del conocimiento los niños y las niñas han desarrollado muchas habilidades y competencias en el uso de la tecnología, que les permite adquirir nuevos conocimientos. Sin embargo, el acceso ilimitado a las pantallas ha influido en las formas como se perciben, como se relacionan consigo mismo y su forma de gestionar emociones. El abuso en el uso de pantallas ha impactado negativamente las interacciones, los hábitos, estilos de vida saludables y el desarrollo de su personalidad.

El desarrollo de un niño depende de muchos factores, de sus interacciones sociales, por esta razón el uso desmedido de equipos tecnológicos ha traído consecuencias de tipo social, familiar y en la integridad de los niños ya que la tecnología está relacionado con todo lo que circula en la internet, es importante mencionar los grandes riesgos a los que se enfrenta un niño al navegar durante horas si acompañamiento de un adulto responsable, situación que los hace vulnerables a ser víctimas del ciberacoso por esto es importante profundizar lo que implica el ciberacoso según (Ortega, 2016) ciberacoso implica el uso de las tecnologías de la información y la comunicación como plataforma de una conducta intencional, repetida y hostil de un individuo o de un grupo para hacer daño a otros.

Por esta razón a través de este libro se presentan orientaciones precisas para velar y garantizar la seguridad el uso responsable de las tecnologías y el internet, ya que las fuertes consecuencias se ven reflejadas en los sentimientos de soledad que experimentan los niños y las niñas cuando se les permite acceder sin control alguno a distintas páginas web, redes sociales, juegos que en muchas ocasiones atentan contra su integridad y su estabilidad física y emocional.

El autor del libro brinda herramientas interesantes para identificar los peligros y riesgos a los que se pueden ver enfrentados los niños y las niñas en las redes sociales y a través del mundo del internet, ofrece estrategias para prevenir situaciones y alertar sobre posibles casos de ciberacoso, sexting que se han convertido en algo cotidiano en la sociedad actual.

Este material es un valioso recurso que le permitirá cuidar la seguridad de sus hijos, sus estudiantes y acompañarlos a través de un recorrido donde explica paso a paso la problemática relacionada al mal uso del internet y las redes sociales.

Mayra Alejandra Páez Lancheros

Especialista en Pedagogía y Docencia - Magister de Tic en Educación

INTRODUCCIÓN

En la era de las tecnologías de la información y de las comunicaciones (TIC) se constituye una herramienta clave en la vida de las niñas, niños y adolescentes. No es un complemento o algo opcional: ellas y ellos se están criando como usuarios diarios, es su medio de comunicación, de expresión, de aprendizaje y sus gustos, valores e intereses están altamente influenciados por lo que consumen en línea.

Si bien las TIC ofrecen oportunidades para aprender y desarrollar nuevas capacidades, para millones de niños, niñas y adolescentes en el mundo, los entornos digitales son también se constituye una selva, en donde se encuentra terrenos pantanosos peligrosos para el que desconoce de manera ingenua el engaño preparado, por los múltiples depredadores que achechan, en la espera de que con artimañas en sus juegos, disfrazados de niños semejantes y haciendo uso de estrategias de manipulación para convertirlos en adictos al internet y someterles, abusarles ,violentarles.

Décadas atrás la protección infantil se limitaba a los espacios físicos: la casa, la escuela, la comunidad, pero lamentablemente ahora denotamos como las redes son un entorno con que atrae a los Ciberdelincuentes. Estos amenazan y poner en peligro con altos riesgos que pueden producir daño, sometiendo e incrustándose en la vulneración de sus derechos y el normal desarrollo físico, psicológico y emocional.

Este libro persigue generar insumos para el mejoramiento y adecuación de políticas y programas de prevención contra la explotación sexual en línea de niñas, niños y adolescentes y lanzar esbozar herramientas para fortalecer las capacidades de niñas, niños y adolescentes y también de los padres y madres, tutores y personal educativo para velar por el manejo adecuado de las TIC.

La investigación que presentamos a continuación es una parte clave de este proyecto, y tiene como propósito comprender los factores, tendencias y usos que colocan a las y los adolescentes en condiciones de vulnerabilidad frente a la violencia y explotación sexual en línea, la identificación de los factores de protección que los propios participantes perciben como necesarios y fundamentales para prevenir este fenómeno. Está basado en las propias las y los adolescentes.

La violencia y explotación sexual en línea es un problema que afecta a las personas adolescentes, y sobre todo a las mujeres jóvenes se complejiza a diario con cada nueva aplicación o herramienta.

Solo los temas básicos que se abordan en este libro, son no solamente para entender la problemática, sino también las evidencias para ir posibilitando un acceso igualitario y seguro a las TIC, para que las y los adolescentes aprovechen las oportunidades que están a su alcance, pero también que sepan cómo protegerse y reducir su vulnerabilidad por medio particularmente de la prevención.

1

CIBERSEGURIDAD

La ciberseguridad es la práctica sistemática, progresiva de proteger redes, programas y sistemas de ataques digitales. Por lo general, estos ciberataques apuntan a acceder, modificar o destruir la información confidencial; Extorsionar a los usuarios o los usuarios o interrumpir la continuidad del negocio.

Actualmente, la implementación de medidas de seguridad digital se debe a que hay más dispositivos conectados que personas, y los atacantes son cada vez más creativos.

RIESGO DE SEGURIDAD INFORMÁTICA

Es en el sentido extenso de la palabra cualquier cosa en su computadora que pueda dañar o robar sus datos o permitir que otra persona acceda a su computadora, sin su conocimiento o consentimiento. Hay muchas cosas diferentes que pueden crear un riesgo para la computadora, incluido el malware, un término general que se usa para describir muchos tipos de software malo. Comúnmente pensamos en virus informáticos, pero existen varios tipos de software defectuoso que pueden crear un riesgo para la seguridad informática, incluidos virus, gusanos, ransomware, spyware y troyanos. La configuración incorrecta de los productos informáticos, así como los hábitos informáticos inseguros, también presentan riesgos. Veamos estos con más detalle.

Para empezar, debes saber que los **riesgos informáticos** son aquellas amenazas o vulnerabilidades a las cuales está expuesta la información almacenada en un computador o un dispositivo con la capacidad de almacenar información.

Las empresas y los establecimientos comerciales son las víctimas más frecuentes del robo de la información, que puede traducirse en graves delitos como la suplantación de identidad, desfalcos y hurtos al bien, ya que los **riesgos informáticos** a los cuales están expuestos este tipo de establecimientos es mucho más elevado que los hogares y los dispositivos tecnológicos que allí se encuentran.

Existen varios tipos de **riesgos informáticos** a los cuales puede estar expuesta tu compañía o tu negocio:

• **Relación:** Por personas.

• **Acceso:** Claves de seguridad débiles.

• **Utilidad:** Mal uso de la tecnología.

• **Infraestructura:** Hurtos de activos como aparatos tecnológicos.

• **Seguridad integral:** Sistemas de seguridad privada y CCTV (Circuitos cerrados de televisión.

Todos estos riesgos se miden en función a la relación y la optimización del funcionamiento de los computadores y los sistemas de computación al interior de la compañía, también de la construcción de los circuitos cerrados de televisión (CCTV) y los parámetros de seguridad que se implementan al interior de la compañía.

Elementos de seguridad

Figura - Elementos principales de seguridad que pueden ser vulnerados

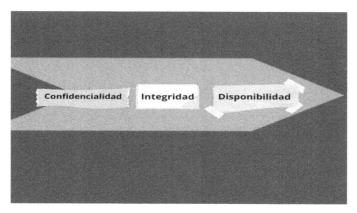

Fuente: Elaboración propia

Confidencialidad: Evitar que la información pueda ser conocida o leída por personas no autorizadas.

1) **Disponibilidad:** Garantizar que la información y/o los componentes del sistema se encuentran accesibles en el momento en que una persona, proceso o aplicación los requiera.

2) **Integridad:** garantizar que la información no sea modificada.

Confidencialidad: Evitar que la información pueda ser conocida o leída por personas no autorizadas.

3) **Disponibilidad:** Garantizar que la información y/o los componentes del sistema se encuentran accesibles en el momento en que una persona, proceso o aplicación los requiera.

4) **Integridad:** garantizar que la información no sea modificada.

VULNERABILIDAD

Una vulnerabilidad en ciberseguridad es una falla en la seguridad informática que pone en peligro al sistema. Es decir, que se trata de un bug que puede usar un atacante con fines maliciosos.

Punto físico, aspecto personal o comportamiento suficientemente débil que permite ser aprovechado por otros individuos, que puede ser herido o dañado. Que se puede quebrantar o perjudicar.

AMENAZA

Riesgo enfocado a una vulnerabilidad. Es la insinuación o información de que se va a hacer un daño

Suscitar pánico o miedo, por medio de escritos, llamadas telefónicos u otros medios.

AMENAZAS INFORMÁTICAS

Se entiende como amenaza informática toda aquella acción que aprovecha una vulnerabilidad para atacar o invadir un sistema informático. Las amenazas informáticas para las empresas provienen en gran medida de ataques externos, aunque también existen amenazas internas (como robo de información o uso inadecuado de los sistemas).

Amenazas de Malware

Son programas maliciosos una de las mayores ciber amenazas a la que se exponen en la seguridad cibernética. Dentro del malware existen distintos tipos de amenazas, siendo las principales.

Tipos de amenaza:

Existen infinidad de modos de clasificar un ataque y cada ataque puede recibir más de una clasificación. Por ejemplo, un caso de phishing puede llegar a robar la contraseña de un usuario de una red social y con ella realizar una suplantación de la identidad para un posterior acoso, o el robo de la contraseña puede usarse simplemente para cambiar la foto del perfil y dejarlo todo en una broma sin que deje de ser delito en ambos casos, al menos en países con legislación para el caso, Amenazas por el origen.

El hecho de conectar una red a un entorno externo nos da la posibilidad de que algún atacante pueda entrar en ella y hurtar información o alterar el funcionamiento de la red. Sin embargo, el hecho de que la red no esté conectada a un entorno externo, como Internet, no nos garantiza la seguridad de la misma.

Aproximadamente entre el **60%** y **80%** de los incidentes en la red son causados desde adentro de la misma. Basado en el origen del ataque podemos decir que existen dos tipos de amenazas:

1-Amenazas internas: generalmente estas amenazas pueden ser más serias que las externas, por varias razones como:

a-Si es por usuarios o personal técnico, conocen la red y saben cómo es su funcionamiento, ubicación de la información, datos de interés, etc. Además, tienen algún nivel de acceso a la red por las mismas necesidades de su trabajo, lo que les permite mínimos movimientos.

b-Los sistemas de prevención de intrusos o IPS, y firewalls son mecanismos no efectivos en amenazas internas por no estar, habitualmente, orientados al tráfico interno. Que el ataque sea interno no tiene que ser exclusivamente por personas ajenas a la red, podría ser por vulnerabilidades que permiten acceder a la red directamente: rosetas accesibles, redes inalámbricas desprotegidas, equipos sin vigilancia, etc.

2-Amenazas externas: Son aquellas amenazas que se originan fuera de la red. Al no tener información certera de la red, un atacante tiene que realizar ciertos pasos para poder conocer qué es lo que hay en ella y buscar la manera de atacarla. La ventaja que se tiene en este caso es que el administrador de la red puede prevenir una buena parte de los ataques externos. Amenazas por el efecto

El tipo de amenazas según el efecto que causan a quien recibe los ataques podría clasificarse en:

a-Robo de información.

b-Destrucción de información.

c-Anulación del funcionamiento de los sistemas o efectos que tiendan a ello.

d-Suplantación de la identidad, publicidad de datos personales o confidenciales, cambio de información, venta de datos personales, etc.

e-Robo de dinero, estafas, Amenazas por el medio utilizado

Se pueden clasificar por el modus operandi del atacante, si bien el efecto puede ser distinto para un mismo tipo de ataque:

¿Qué es malware?

Es un código malicioso diseñado para infiltrarse en tu dispositivo cuando lo instalas o descargas, aunque no necesariamente te das cuenta[3]. Cuando hay uno en tu computadora, teléfono o tableta, puede:

- Acceder a toda tu información, incluyendo ubicación en tiempo real y lista de contactos.

- Acceder a tus fotos y archivos y publicarlos en internet o en páginas maliciosas y tu ni en cuenta

- Hackearte contraseñas, email, redes sociales y demás.

Hay algunas prácticas que hacen que sea más sencillo que tu dispositivo adquiera un malware, a veces son acciones tan cotidianas que no nos damos cuenta de que pueden ser riesgosas.

Por ejemplo, en la encuesta, solo el 34% declaró NO descargar aplicaciones, películas, videojuegos y demás, en sitios "pirata", 7% nunca actualiza sus apps o el sistema operativo del dispositivo y 27% se conectan seguido a redes públicas de WiFi.

Amenazas de Malware

Los programas maliciosos son una de las mayores ciberamenazas a la que se exponen las empresas. Dentro del malware existen distintos tipos de amenazas, siendo las principales.

Virus.

Los virus informáticos son un software que se instalan en un dispositivo con el objetivo de ocasionar problemas en su funcionamiento. Para que un virus infecte un sistema es necesaria la intervención de un usuario (intencionada o inintencionadamente).

Gusanos

Es uno de los malware más comunes que infectan los equipos y sistemas de una empresa, ya que no requieren de la intervención del usuario ni de la modificación de algún archivo para poder infectar un equipo. El objetivo de los gusanos es el de replicarse e infectar el mayor número de dispositivos posibles utilizando la red para ello. Son una amenaza para las redes empresariales, porque un solo equipo infectado puede hacer que la red entera se vea afectada en un espacio corto de tiempo.

Troyanos

Son programas que se instalan en un equipo y pasan desapercibidos para el usuario. Su objetivo es el de ir abriendo puertas para que otro tipo de software malicioso se instale.

Ransomware.

Consiste en encriptar toda la información de la empresa, impidiendo el acceso a los datos y los sistemas y se pide un rescate para poder liberar la información (normalmente en criptomonedas como bitcoins).

Keyloggers.

Se instalan a través de troyanos y se encargan de robar datos de acceso a plataformas web, sitios bancarios y similares.

Seguridad de Software

La seguridad de software se utiliza para proteger el software contra ataques maliciosos de hackers y otros riesgos, de forma que nuestro software siga funcionando correctamente con este tipo de riesgos potenciales. Esta seguridad de software es necesaria para proporcionar integridad, autenticación y disponibilidad.

Entre los tipos de seguridad informática, este campo de la seguridad de software es relativamente nuevo. Los primeros libros y clases académicas sobre este tema aparecieron en 2001 al 2008; lo que demuestra que ha sido recientemente cuando desarrolladores, arquitectos de software y científicos informáticos han comenzado a estudiar sistemáticamente cómo construir software seguro.

Los defectos de software tienen diversas ramificaciones de seguridad, tales como errores de implementación, desbordamientos de buffer, defectos de diseño, mal manejo de errores, etc. Con demasiada frecuencia, intrusos maliciosos pueden introducirse en nuestros sistemas mediante la explotación de algunos de estos defectos de software.

Las aplicaciones que tienen salida a Internet presentan además un riesgo de seguridad más alto. Se trata del más común hoy en día. Los agujeros de seguridad en el software son habituales y el problema es cada vez mayor.

La seguridad de software aprovecha las mejores prácticas de la ingeniería de software e intenta hacer pensar en la seguridad desde el primer momento del ciclo de vida del software.

Seguridad de red

La seguridad de red se refiere a cualesquiera actividades diseñadas para proteger la red. En concreto, estas actividades protegen la facilidad de uso, fiabilidad, integridad y seguridad de su red y datos. La seguridad de red efectiva se dirige a una variedad de amenazas y la forma de impedir que entren o se difundan en una red de dispositivos.

Cuáles son las amenazas a la red: Muchas amenazas a la seguridad de la red hoy en día se propagan a través de Internet.

Los más comunes incluyen:

- Virus, gusanos y caballos de Troya
- Software espía y publicitario
- Ataques de día cero, también llamados ataques de hora cero
- Ataques de hackers
- Ataques de denegación de servicio
- Intercepción o robo de datos
- Robo de identidad

Hay que entender que no hay una solución única que protege de una variedad de amenazas.

Es necesario varios niveles de seguridad. Si uno falla, los demás siguen en pie.

Seguridad de la red se lleva a cabo a través de hardware y software. El software debe ser actualizado constantemente para lograr protegerse de amenazas emergentes.

Un sistema de seguridad de la red por lo general se compone de muchos componentes. Idealmente, todos los componentes trabajan juntos, lo que minimiza el mantenimiento y mejora la seguridad.

Los componentes de seguridad de red incluyen:

- Antivirus y antispyware
- Cortafuegos, para bloquear el acceso no autorizado a su red
- Sistemas de prevención de intrusiones (IPS), para identificar las amenazas de rápida propagación, como el día cero o cero horas ataques
- Redes privadas virtuales (VPN), para proporcionar acceso remoto seguro

Hardware Y Software:

Desde el punto de vista de soluciones tecnológicas, una arquitectura de seguridad lógica puede conformarse dependiendo de los niveles de seguridad por: software antivirus, herramientas de respaldo, de monitoreo de la infraestructura de red y enlaces de telecomunicaciones, firewalls, soluciones de autenticación y servicios de seguridad en línea; que informen al usuario sobre los virus más peligrosos y, a través de Internet, enviar la vacuna a todos los nodos de la red empresarial, por mencionar un ejemplo.

No sólo las amenazas que surgen de la programación y el funcionamiento de un dispositivo de almacenamiento, transmisión o proceso deben ser consideradas, también hay otras circunstancias no informáticas que deben ser tomadas en cuenta. Muchas son a menudo imprevisibles o inevitables, de modo que las únicas protecciones posibles son las redundancias y la descentralización, por ejemplo, mediante determinadas estructuras de redes en el caso de las comunicaciones o servidores en clúster para la disponibilidad.

Las amenazas pueden ser causadas por:

Usuarios
Causa del mayor problema ligado a la seguridad de un sistema informático. En algunos casos sus acciones causan problemas de seguridad, si bien en la mayoría de los casos es porque tienen permisos sobredimensionados, no se les han restringido acciones innecesarias,

etc.

Programas maliciosos

Programas destinados a perjudicar o a hacer un uso ilícito de los recursos del sistema. Es instalado en el ordenador, abriendo una puerta a intrusos o bien modificando los datos. Estos programas pueden ser un virus informático un gusano informático, un troyano, una bomba lógica, un programa espía o spyware, en general conocidos como malware.

Errores de programación

La mayoría de los errores de programación que se pueden considerar como una amenaza informática es por su condición de poder ser usados como exploits por los crackers, aunque se dan casos donde el mal desarrollo es, en sí mismo, una amenaza. La actualización de parches de los sistemas operativos y aplicaciones permite evitar este tipo de amenazas.

Intrusos

Personas que consiguen acceder a los datos o programas a los cuales no están autorizados crackers, defacers, hackers, script kiddie o script boy.

Siniestro

Robo, incendio, inundación: una mala manipulación o mala intención derivan en la pérdida del material o de los archivos.

16

Personal técnico interno

Técnicos de sistemas, administradores de bases de datos, técnicos de desarrollo, etc. Los motivos que se encuentran entre los habituales son: disputas internas, problemas laborales, despidos, fines lucrativos, espionaje, etc.

Fallos electrónicos o lógicos de los sistemas informáticos en general.

Catástrofes naturales

Rayos cósmicos, terremotos, inundaciones.

Tipos de amenaza:

Existen infinidad de modos de clasificar un ataque y cada ataque puede recibir más de una clasificación. Por ejemplo, un caso de phishing puede llegar a robar la contraseña de un usuario de una red social y con ella realizar una suplantación de la identidad para un posterior acoso, o el robo de la contraseña puede usarse simplemente para cambiar la foto del perfil y dejarlo todo en una broma sin que deje de ser delito en ambos casos, al menos en países con legislación para el caso.

Amenazas por el origen

El hecho de conectar una red a un entorno externo nos da la posibilidad de que algún atacante pueda entrar en ella y hurtar información o alterar el funcionamiento de la red. Sin embargo, el hecho de que la red no esté conectada a un entorno externo, como Internet, no nos garantiza la seguridad de la misma.

Aproximadamente entre el 60% y 80% de los incidentes en la red son causados desde adentro de la misma.

Basado en el origen del ataque podemos decir que existen dos tipos de amenazas:

1-Amenazas internas: generalmente estas amenazas pueden ser más serias que las externas, por varias razones como:

a-Si es por usuarios o personal técnico, conocen la red y saben cómo es su funcionamiento, ubicación de la información, datos de interés, etc. Además, tienen algún nivel de acceso a la red por las mismas necesidades de su trabajo, lo que les permite mínimos movimientos.

b-Los sistemas de prevención de intrusos o IPS, y firewalls son mecanismos no efectivos en amenazas internas por no estar, habitualmente, orientados al tráfico interno. Que el ataque sea interno no tiene que ser exclusivamente por personas ajenas a la red, podría ser por vulnerabilidades que permiten acceder a la red directamente: rosetas accesibles, redes inalámbricas desprotegidas, equipos sin vigilancia, etc.

2-Amenazas externas: Son aquellas amenazas que se originan fuera de la red. Al no tener información certera de la red, un atacante tiene que realizar ciertos pasos para poder conocer qué es lo que hay en ella y buscar la manera de atacarla. La ventaja que se tiene en este caso es que el administrador de la red puede prevenir una buena parte de los ataques externos. Amenazas por el efecto

El tipo de amenazas según el efecto que causan a quien recibe los ataques podría clasificarse en:

a-Robo de información.

b-Destrucción de información.

c-Anulación del funcionamiento de los sistemas o efectos que tiendan a ello.

d-Suplantación de la identidad, publicidad de datos personales o confidenciales, cambio de información, venta de datos personales, etc.

e-Robo de dinero, estafas, Amenazas por el medio utilizado

Se pueden clasificar por el modus operandi del atacante, si bien el efecto puede ser distinto para un mismo tipo de ataque:

1-Virus informático: malware que tiene por objeto alterar el normal funcionamiento de la computadora, sin el permiso o el conocimiento del usuario. Los virus, habitualmente, reemplazan archivos ejecutables por otros infectados con el código de este. Los virus pueden destruir, de manera intencionada, los datos almacenados en una computadora, aunque también existen otros más inofensivos, que solo se caracterizan por ser molestos.

ATAQUES CIBERNAUTICOS

Para que no tengas ninguna duda a la hora de identificarlos y combatirlos, te explicamos en qué consisten. A continuación, detallamos las clases de incidentes, los tipos de cada clase y su descripción.

Los ataques informáticos más usuales son los siguientes:

1) Ataques por repetición: ocurre cuando un pirata informático copia una secuencia de mensajes entre dos usuarios y envía tal secuencia a uno o más usuarios. A menos que esto sea minimizado, el sistema atacado procesa este comportamiento como mensajes legítimos y producen respuestas como pedidos redundantes.

2) Ataques de modificación de bits: se basan en las respuestas predecibles de las estaciones receptoras. El pirata modifica bits de un mensaje para enviar un mensaje cifrado erróneo a la estación receptora, y éste se puede comparar entonces contra la respuesta predecible para obtener la clave a través de múltiples repeticiones.

3) Ataques de denegación de servicio (DOS, Denial of Service): consiste en colapsar total o parcialmente a un servidor para que éste no pueda dar respuesta a los comandos no para sacar de él información En la red internet, esto puede lograrse saturando un solo servidor con múltiples solicitudes desde múltiples ordenadores. Como el servidor es incapaz de responder a todas las solicitudes, colapsa. En las redes inalámbricas, esto se logra también provocando ruido: se coloca un teléfono a 2,4 GHz cerca del punto de acceso e iniciar una llamada. La energía de radiofrecuencia provocada es suficiente para bloquear de manera efectiva gran parte del tráfico de datos en el punto de acceso.

4) Ataques de diccionario: en ciertos modelos de autenticación de datos, para ingresar al sistema la contraseña se mantiene en secreto, mientras que el nombre de usuario es enviado en forma de texto simple y es fácilmente interceptable. En este caso, el pirata informático obtiene distintos nombres de usuarios y con ellos, desde un ordenador, empieza a adivinar las contraseñas con base en palabras de diccionarios en distintos idiomas. Este ataque es exitoso en gran medida porque muchos usuarios utilizan contraseñas poco creativas.

5) Modificación de sitios web (Defacement): ataque en el que un ciberdelincuente modifica una página web de contenido, un aspecto, ya sea aprovechándose de vulnerabilidades que permiten el acceso al servidor donde se encuentra alojada la página, o vulnerabilidades del propio gestor de contenidos de software desactualizado o plugins no oficiales.

6)Código malicioso: Es un tipo de código informático o script web dañino diseñado para crear vulnerabilidades en el sistema que permiten la generación de puertas traseras, brechas de seguridad, robo de información y datos, así como otros perjuicios potenciales en archivos y sistemas informáticos. Se trata de un tipo de amenaza que no siempre puede bloquearse con solo un software antivirus. Según Kaspersky Lab, no toda la protección antivirus puede tratar ciertas infecciones causadas por código malicioso, que es diferente del malware. El término malware se refiere específicamente a software malicioso, pero el código malicioso incluye scripts de sitios web que pueden aprovechar vulnerabilidades con el fin de cargar malware.

7)Infección extendida: infección que a través de la ejecución de código malicioso es un virus, un script, o un gusano, se afecta a un conjunto de sistemas debido al fallo de las medidas establecidas de detección o contención.

8)Infección única: a diferencia de la infección extendida, ésta solo afecta a un dispositivo, usuario o sistema, compartiendo el resto de similitudes.

9)Robo o pérdida de equipos: se trata de la sustracción o pérdida de equipamiento TIC: ordenadores de sobremesa, portátiles, dispositivos de copias de seguridad, etc.

INGENERIA SOCIAL

Consiste en el uso de técnicas psicológicas y habilidades sociales con el fin de manipular a una persona para que realice acciones específicas y lograr así una meta o beneficio.

En el contexto de la seguridad de la información, la ingeniería social tiene que ver con las técnicas utilizadas por los ciberdelincuentes para engañar a los usuarios y obtener datos privados y confidenciales como fecha de nacimiento, dirección, contraseñas o información financiera, además, es usada para infectar los equipos informáticos con malware y otros virus que ponen en riesgo la información.

Cualquier persona puede ser víctima de un ataque con ingeniería social, este puede materializarse a través de internet o por teléfono, basta con que el cibercriminal logre el engaño para que la víctima le dé datos de mucho valor.

En este artículo te contamos más sobre cómo funciona la ingeniería social, cuáles son los ciberataques más comunes que se concretan con el uso de esta técnica y qué medidas tomar para prevenir ser víctima de los ingenieros sociales.

ciberataques con ingeniería social

Los ciberdelincuentes aprovechan las vulnerabilidades y riesgos cognitivos de las personas para concretar sus ataques, es decir, es muy común que estos delincuentes se hagan pasar por una persona o entidad de confianza y con autoridad para engañar y manipular a sus víctimas y de esta forma, acceder a información confidencial e infectar sus equipos.

Algunos de los **ciberataques** más comunes para nuestros hijos, que se materializan con el uso de esta técnica son:

1-Phishing

En este ataque, por lo general, la víctima recibe un correo electrónico procedente de una fuente aparentemente confiable, por ejemplo, del jefe o director de la empresa que solicita datos como el nombre de usuario y contraseña para ingresar a un determinado sistema. Como se está en un contexto laboral, es usual que se entregue la información solicitada sin antes verificar la identidad de la persona que envió el correo.

2-Vishing

Es de la línea del phishing, pero en este ataque los cibercriminales utilizan llamadas y mensajes de voz para hacer caer a las víctimas: falsifican números de teléfono y se hacen pasar por una persona de confianza o con autoridad, por ejemplo, alguien del banco, un representante de otra empresa con la que se tenga un servicio o incluso, un compañero del área informática o de tecnología.

Durante la llamada el delincuente le solicita a la víctima información o le hace algunas preguntas sobre su identidad con el pretexto de ofrecerle un mejor servicio o ayudarlo a resolver algún inconveniente.

3-Scareware

Es un malware con el que los cibercriminales asustan a los usuarios para que visiten un sitio web infectado.

El scareware aparece principalmente en ventanas emergentes en las que se comunica cómo se puede eliminar un virus informático que aparentemente existe en el dispositivo. Cuando el usuario da clic en esta ventana, realmente lo dirige a un sitio infectado que propicia la instalación de malware sin notarlo.

Es de conocimiento de temas relacionados a la ciberseguridad es muy limitada, casi que raya a la ingenuidad. Aun siendo de actualidad y teniendo presente cómo los riesgos cibernéticos pueden afectar a cualquier tipo de usuario, y por este motivo debería ser una prioridad dar a conocer a los padres, docentes, y acudientes; los diversos métodos de prevención y protección de riesgos en el ciberespacio para así garantizar en mayor medida un uso adecuado del Internet. En el caso de algunos países, es frecuente la realización de varios eventos relacionados a las nuevas tecnologías con el fin de expandir los conocimientos y las posibilidades de uso de las mismas, pero encontrar alguno específicamente relacionado a la ciberseguridad y enfocado a todo tipo de usuarios no es frecuente.

Teniendo esto en cuenta, sin una buena preparación ante los riesgos presentes en el ciberespacio y los métodos de mitigación de los mismos, la probabilidad de ser víctima de estos crece de manera exponencial.

Sobre los ciberataques, se tiene que:

Los ciberdelincuentes están lanzando ataques contra las redes y sistemas informáticos de particulares, empresas e incluso, de organizaciones internacionales. Situación se incrementó por la pandemia del coronavirus y el (INTERPOL, 2020). Por ende, la principal atención fue desviado hacia la salud del ser humano, y se descuidó la Seguridad Informática en los hogares particularmente. Es decir, se bajó la guardia en los diferentes ámbitos relacionados a la ciberseguridad. Una de las Empresas más relevantes en España advierte ciberataques durante la crisis sanitaria, la empresa especialista en Ciberseguridad (ESED, Ciber Security & IT Solutions s.f.), afirma durante esta crisis, Durante la pandemia del Covid-19 el uso de plataformas digitales como el correo electrónico, o herramientas de comunicación tipo Zoom se han masificado, siendo el blanco perfecto para los ciberataques.

Los ciberdelincuentes aprovechan cualquier vulnerabilidad para lanzar sus ataques con el fin de conseguir información sensible o credenciales para fines ilícitos. Durante esta crisis, en la cual las plataformas digitales se han convertido en nuestra puerta al exterior, los ciberataques se han intensificado.

Queremos que estés preparado y te sientas protegido mientras navegas por la red, por eso, vamos a hacer un repaso de los ataques más comunes que se están lanzando durante la pandemia y te explicaremos qué puedes hacer para detectarlos a tiempo, minimizando el riesgo de ser atacado.

Ciberataques más comunes

Ataques de phishing

Los ataques de phishing, es decir, ataques mediante el envío de correos electrónicos con intenciones maliciosas, es una de las prácticas más comunes por los ciberdelincuentes. Estos, al ser difíciles de detectar por sus errores casi imperceptibles a simple vista (tienes que fijarte muy bien y saber lo que buscas para darte cuenta), consiguen que muchos usuarios piquen (de aquí lo de phishing), convirtiéndose así en víctima del ciberdelincuente.

Al intensificarse el teletrabajo a partir de marzo, las comunicaciones vía mail también han aumentado, convirtiéndose en el medio perfecto para el lanzamiento de programas maliciosos.

Un primer ejemplo lo encontramos con la utilización del nombre de Netflix. El fin de los atacantes es que caigas en su trampa, por esto, normalmente, utilizan nombres de marcas reconocidas. Con este caso se han utilizado diferentes tipos de mails maliciosos.

Un segundo ejemplo podemos verlo en los ataques que se suplanta el Webclass o Webcam de los colegios. Red de Servicios líder en tecnología educativa. Los ciberdelincuentes suplantan el para lanzar un mail con el asunto: "Errores en el hosting". Cuando recibes este correo, tu primera reacción es abrirlo para saber qué pasa.

En el contenido del mail te explican que tu cuenta de hosting ha sido suspendida y que tienes que reactivarla. Tu primer instinto es solventar este problema antes de que se genere una situación de alarma en la clase. Y posteriormente llega un mensaje que dice: Lamentamos decirte que te acaban de robar todos tus datos. A tu hosting no le pasaba nada.

Disponer de soluciones antiphishing te ayudará a detectar y eliminar este tipo de correos electrónicos antes de que puedan infectarte. Sin embargo, el factor humano es una de las causas principales de este tipo de ataques, por eso es importante que tus empleados estén preparados y sepan cómo detectarlos.

Para la prevención de este tipo de amenazas las soluciones antiransomware como antivirus o endpointson las más eficaces. No obstante, no todas son iguales ni ofrecen la misma protección. Dependiendo del tipo de sistema, deberás escoger aquella que te ayude a solventar tus brechas de seguridad o vulnerabilidades. Además, no dejes de implementar firewalls o cortafuegos en tu sistema para una mayor capa de seguridad. Cuanto más difícil sea el acceso a tu sistema, menos ganas tendrán los ciberdelincuentes de atacarte.

Oferta de trabajo falsas

Nos encontramos en un momento de gran incertidumbre a nivel laboral y como ya hemos dicho anteriormente, los ciberdelincuentes aprovechan cualquier situación de vulnerabilidad para lanzar sus ataques. Un ejemplo lo vemos en los anuncios que han empezado a publicar en plataformas como Facebook o Instagram con frases tipo: "Gana dinero de forma fácil". Y juntar "dinero" y "fácil" en una misma frase, no puede augurar nada bueno.

Desconfía de ofertas demasiado atractivas como por ejemplo "1 año de Netlix gratis" y sobre todo, ¡no cliques el anuncio! Estarás a un paso de que roben tus datos bancarios

Creación de páginas falsas para recaudar fondos para el Covid-19

Los ciberdelincuentes aprovechan la empatía de personas sensibles para generar páginas falsas que supuestamente recogen fondos para la crisis económica derivada del Covid-19.

Pedimos, por favor, que sigas siendo solidario pero que lo hagas mediante páginas y sitios web oficiales y seguros. Por ejemplo, fíjate antes de entrar en un sitio que el inicio de la URL sea "HTTPS://" en vez de "HTTP://", de esta manera sabrás que el sitio es seguro para su navegación.

Y hasta aquí el repaso de los ciberataques más comunes estos días. Recuerda, las soluciones anti phishing, ransomware y firewalls, junto con una buena estrategia de ciberseguridad, serán tu escudo protector perfecto contra ataques de malware.

Para el caso particular de Colombia, se ha identificado que la cifra de ciberataques en los últimos años ha crecido de forma exponencial, llegando al nivel de, por ejemplo, evidenciar que 7 de cada 10 personas ya han sido víctimas de algún ciberataque al realizar compras online, o recalcar cómo el país ha sido víctima de más de 3.700 millones de intentos de ciberataques en la primera mitad del 2021 y ocupa el cuarto lugar en Latinoamérica con respecto al volumen de vulnerabilidades identificadas (Revista Semana, 2021). En adición a esto, Arturo Torres, estratega de FortiGuard Labs, el laboratorio de análisis e inteligencia de amenazas perteneciente a la multinacional Fortinet (2021), asegura por medio de un comunicado de prensa lo siguiente:

La expansión de la superficie de ataque que brindan los modelos híbridos de trabajo y enseñanza sigue siendo una gran oportunidad para los delincuentes. Es por eso que vemos un número creciente de ataques a dispositivos IoT y a recursos vulnerables utilizados en reuniones y clases, como cámaras y micrófonos.

Esto permite evidenciar que, sin importar el tipo de usuario utilizado al momento de conectarse a Internet, o sin importar el tipo de actividad realizada, bajo cualquier condición es posible llegar a exponerse a riesgos dentro del ciberespacio. Además de que la abrupta transición a la virtualidad causó un ambiente propicio para el aumento de vulnerabilidades en los sistemas y, por ende, el aumento de ciberataques. Por esta razón es importante estar capacitado, como mínimo, en conceptos básicos de ciberseguridad relacionados a la protección y prevención de riesgos en el ciberespacio.

Sexting

¿Qué es? Es enviar fotos o videos de uno/a mismo/a con carácter sexual a otra persona mediante un dispositivo como teléfono o tablet[2]. Aunque hacerlo es una decisión muy personal, es importante saber que **es una práctica riesgosa.**

Privacidad y protección de datos

Cuando se navega en internet, redes sociales y otras aplicaciones tienes que preocuparte por implementar mecanismos de seguridad para evitar robos de información, de identidad, perdidas de datos y otros múltiples riesgos

Cuidado con lo que se comparte

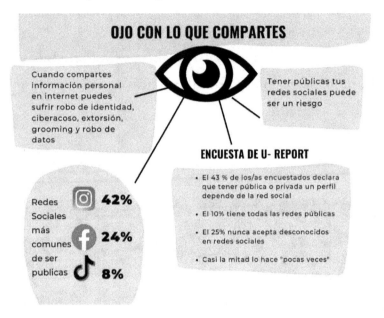

Además del malware que puede robar tus datos, tú mismo/a puedes ponerte en riesgo al compartir información personal con otras personas y ser susceptible al robo de identidad. Por ejemplo, al tener las redes sociales públicas te expones riesgos como, suplantación de la identidad, ciberbullying, extorsión cibernética, grooming, robo de datos y más.

Tips para que no compartas de más:

- No guardes tus contraseñas física o virtualmente en un lugar donde cualquier persona tiene acceso. Mejor asegura tus contraseñas usando un gestor o administrador como LastPass o 1Password.

- Te recomendamos hacer todas tus redes sociales privadas y no aceptar nunca a alguien que no conoces.

- No uses conexiones de wifi abiertas y si tienes que hacerlo NUNCA pongas información sensible (como tus contraseñas, datos bancarios, dirección, etc.)

Ciberacoso

Ciberacoso es acoso o intimidación por medio de las redes sociales o medios digitales como juegos o plataformas de mensajería. Es un comportamiento que se repite y que busca atemorizar, enfadar o humillar a otras personas[6]. Por ejemplo:

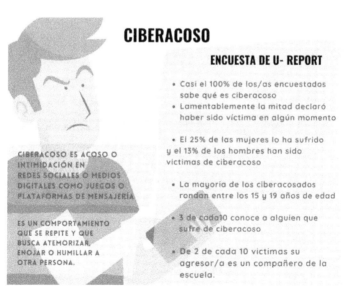

UNICEF México / Rodrigo López

- **Difundir mentiras, burlas** o publicar fotografías vergonzosas de alguien.

- **Enviar mensajes hirientes** o amenazas a través de las plataformas de mensajería.

- **Hacerse pasar por otra persona** y enviar mensajes agresivos en nombre de dicha persona.

Datos de Ciberacoso

- 7 de cada 10 de han sido principalmente victimizados por redes sociales.

- 4 de cada 10 no conocen la identidad de su agresor.

- A las y los que respondieron haber sido víctimas de ciberacoso escolar, les preguntamos si han faltado a la escuela por este motivo.

- Poco más de 3 de cada 10 han faltado a la escuela debido al ciberacoso. El 43% dijo que no ha faltado, sin embargo, al 16% les gustaría hacerlo.

Sé amable en línea

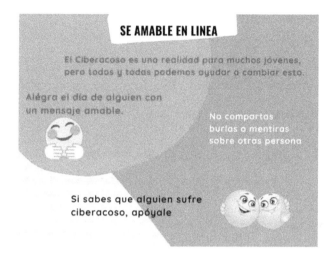

46% de los encuestados respondió "prefiero no contestar" a la pregunta: ¿tu círculo de amig@s hace ciberacoso a otras personas?

Todos los amigos se hacen bromas entre ellos, pero hay ocasiones en que es difícil saber si alguien solamente se está divirtiendo o si está tratando de herirte, sobre todo en internet. A veces te dirán, riéndose, que "era solo una broma" o que "no te lo tomes tan en serio". Pero si te sientes herido o piensas que alguien se está riendo de ti y no contigo, entonces la broma ha ido demasiado lejos[5].

Si ves que esto le está ocurriendo a alguien que conoces, procura ofrecerle apoyo y no ser parte del acoso.

Cuando el acoso ocurre en línea, la víctima siente como si la estuvieran atacando en todas partes, hasta en su propia casa. Tu salud mental, emocional y hasta física se pueden ver afectadas y parecería que no hay salida. Pero sí hay, recuerda que no estás sola, no estás solo.

¿Cuáles son las mejores técnicas de prevención de la ciberseguridad?

Hay varias técnicas de prevención de ciberseguridad que puede usar para ayudar a proteger sus dispositivos y datos de las amenazas cibernéticas en 2023. Aquí hay algunas opciones:

Utilice una VPN (red privada virtual): Software de VPN crea una conexión encriptada entre su dispositivo e Internet, lo que ayuda a proteger su actividad en línea e información personal para que no sea interceptada por piratas informáticos.

Instale el software antivirus: El software antivirus ayuda a detectar y eliminar malware de sus dispositivos. Es importante mantener su software antivirus actualizado para asegurarse de que pueda protegerlo contra las amenazas más recientes.

Utilice un administrador de contraseñas: Un gestor de contraseñas es una herramienta que lo ayuda a generar y almacenar contraseñas seguras y únicas para todas sus cuentas en línea. Esto puede ayudarlo a protegerse de violaciones de seguridad relacionadas con contraseñas.

Habilite la autenticación de dos factores: Autenticación de dos factores agrega una capa adicional de seguridad a sus cuentas en línea al solicitarle que ingrese un código enviado a su teléfono o correo electrónico además de su contraseña al iniciar sesión.

Mantenga su sistema operativo y software actualizados: Es importante mantener su sistema operativo y software actualizados con los últimos parches y actualizaciones de seguridad. Estas actualizaciones a menudo incluyen correcciones de seguridad importantes que pueden ayudar a proteger su dispositivo contra nuevas amenazas.

Tenga cuidado al hacer clic en enlaces o descargar archivos adjuntos: Tenga cuidado al hacer clic en enlaces o descargar archivos adjuntos, especialmente si provienen de fuentes desconocidas. Estos a menudo pueden contener malware que puede comprometer su dispositivo.

Haga una copia de seguridad de sus datos: Regularmente copia de seguridad de sus datos puede ayudarlo a protegerse en caso de pérdida, robo o riesgo de su dispositivo.

Cifre sus datos utilizando el almacenamiento en la nube: Si almacena sus datos en la nube, puede ayudar a protegerlos mediante el cifrado. El cifrado de sus datos ayuda a evitar el acceso no autorizado, incluso si alguien obtiene acceso a su cuenta en la nube. Muchos proveedores de almacenamiento en la nube ofrecen opciones de cifrado, o puede utilizar una herramienta de cifrado independiente para proteger sus datos antes de cargarlos en la nube.

Las organizaciones son responsables de proteger los datos de los clientes y evitar que se acceda a ellos sin autorización. Por inquietantes que puedan ser estas estadísticas de ciberseguridad, parte del deber de una empresa es garantizar que su sistema de defensa de ciberseguridad tenga todo lo que necesita para tener éxito.

La ciberviolencia

La **ciberviolencia de género** consiste en el acoso producido por parte de una persona hacia otra del sexo opuesto utilizando las nuevas tecnologías y todas las herramientas que proporciona internet. Las redes sociales, los foros, los juegos online, los chats… son lugares muy comunes en los que se da este tipo de violencia, por lo que resulta imprescindible conocer qué es la ciberviolencia de género.

Las agresiones en línea no son fáciles de detectar y se desarrollan a velocidades prodigiosas.

Al menos el 70% de ellas ha sido víctima de violencia mediante redes sociales o dispositivos

Fuente:

https://www.eltiempo.com/tecnosfera/novedades-tecnologia/ciberviolencia-las-mujeres-son-las-mayores-victimas-735102

2

EL CIBERCRIMEN

Definición

Delito muy grave cometido mediante el uso de métodos informáticos o a través de Internet o las redes virtuales.

La red, cada vez más vulnerable al cibercrimen

Nuevos ataques y robos de información plantean la necesidad de repensar como se protegen los datos que circulan en internet

El robo de más de 1.200 millones de contraseñas, que, de confirmarse, sería el *mayor* ataque llevado a cabo por piratas informáticos hasta ahora, vuelve a encender las alarmas sobre cuán protegidos están los datos que recorren la red, y se convierte en el más reciente de una lista de episodios que ponen de relieve la considerable vulnerabilidad de los sistemas de información en el mundo.

Pero, además de la magnitud *(420.000* sitios fueron vulnerados por lo que se cree es una banda de una docena de *hackers* rusos), lo preocupante de este último ataque es la relativa simplicidad de los medios empleados. En lugar de misteriosas agencias estatales con tecnología de punta, los *golpes* de hoy los asestan ladrones que trabajan desde computadoras portátiles y que hallan formas sencillas de conducir ataques a gran escala.

En el caso de la pandilla rusa, los *hackers* infectaron docenas de computadoras personales para crear una *botnet,* una red de 'robots', en los que básicamente su computadora trabaja para los criminales sin que usted lo sepa. La red instruyó a sus terminales 'esclavas' para detectar fallas en cada sitio web visitado por el usuario. Si hallaban alguna, realizaban un ataque dirigido. Es una técnica que expertos comparan con ir de carro en carro en un parqueadero mirando si alguno tiene las puertas sin seguro.

El problema es que la mayoría de los sistemas de seguridad que se emplean hoy en día se basan en contraseñas alfanuméricas. Consideradas como virtualmente infalibles hace dos o más décadas, las contraseñas, son cada día más susceptibles a ataques a gran escala que, a su vez, son más fáciles de realizar a medida que los equipos de cómputo ganan en poder y velocidad.

Miguel Ángel Mendoza, especialista de la firma de seguridad digital Eset, explicó a EL TIEMPO: "Desde el punto de vista del usuario, no basta con poseer una contraseña extensa y difícil de conocer; es necesario aplicar otras medidas de seguridad, como contar con una solución 'antimalware', por ejemplo. Desde la perspectiva de las empresas, aplicar medidas como cifrar los datos de los usuarios u ofrecer mecanismos de doble factor de autenticación (que combinan el uso de una contraseña con algún. código de verificación enviado a, un teléfono celular) contribuirá a mitigar estos incidentes de seguridad. Llevar a cabo auditorías de seguridad en los sistemas de manera continua y aplicar correcciones de seguridad y actualizaciones es otra tarea fundamental".

Datos de la firma Verizon sugieren que dos de cada tres violaciones de sistemas de seguridad involucran el uso de contraseñas robadas. Pedirles a los usuarios que las cambien o que las hagan más complejas no ha demostrado tener efecto en las estadísticas.

En abril, el mundo se sorprendió con 'Heartbleed', un fallo informático que permite a los hackers abrir una puerta en OpenSSL, el sistema que encripta los datos sensibles de dos tercios de los sitios web en el planeta, y extraer piezas de información como contraseñas y nombres de usuario. Aunque se denunció como una seria vulnerabilidad, esta semana demuestra que poco o nada se ha hecho para solucionarla y que el 97 por ciento de los sitios vulnerables siguen en riesgo.

¿El fin de las contraseñas?

Eso ha llevado a muchas voces de la industria a plantear la necesidad de evolucionar hacia sistemas más complejos para proteger datos. Un camino natural es remplazar las contraseñas con métodos físicamente asociados al usuario, como los datos biométricos. La premisa es que a un ciber ladrón le resultaría inservible tener su dirección de correo si además necesita su huella digital o el patrón de su retina.

Otra opción es sencillamente encriptar toda la red, para que los datos solo puedan ser descifrados una vez llegan a su legítimo destinatario. Yahoo!, uno de los mayores proveedores de servicios de correo electrónico del mundo, anunció el jueves que permitirá a sus usuarios encriptar los mensajes que envíen mediante un sistema de encriptación PGP, una modalidad contra la que todos los ataques de los hackers hasta la fecha han resultado infructuosos.

PGP trabaja sobre una clave de encriptación única que cada usuario guarda en su ordenador, tableta y teléfono móvil. De esta manera, no será Yahoo! (o Google, que también anunció en junio la adopción de un sistema similar) el que posea las claves de encriptación, sino que cada usuario generará sus propias claves, y sólo él y el receptor del mensaje podrán descifrarlo. Facebook, por su parte, adquirió recientemente la firma PrivateCore, que produce software para proteger información.

DE TRES ATAQUES

A sistemas informáticos involucran el uso de contraseñas robadas, según Verizon

LOS USUARIOS DEBEN REFORZAR SUS CONTRASEÑAS

Aunque es claro que el sistema de contraseñas alfanuméricas es obsoleto en sí mismo, las personas son el primer punto a atacar por parte de los delincuentes. Hay varias opciones para optimizar la segudad de sus claves: Largas. Si usted logra crear y memorizar una clave de al menos 12 dígitos, con números, símbolos y mayúsculas, estará en un escalón arriba.

Combinada. Trate de no usar la misa contraseña para todos sus servicios en línea. Tener una 'clave maestra' a la que le cambia algunos dígitos en algunos servicios de internet, es una gran solución. Cuídela. Ni la preste, anote, copie o diga a nadie no autorizado o sitio raro. Nunca.

Quedó obsoleto hace rato y está retrasando el desarrollo de" internet. Esfuerzos de la industria de tecnología para dar opciones.

Se acerca el final de las contraseñas

El sistema alfanumérico se quedó obsoleto hace rato y está retrasando el desarrollo de Internet.

Suena apocalíptico, pero los datos privados del 60 por ciento de los usuarios de internet están en peligro de quedar al descubierto. Esto, debido a una falla de seguridad hallada en el sistema de encripción

OpenSSL, encargado de 'esconder' la información que viaja desde nuestros equipos a los servidores centrales de la mayoría de sitios web.

Es como si un buen día descubrieran que las puertas y ventanas de las casas y apartamentos del mundo entero pueden ser abiertas por una sola llave. Una vez más, el sistema de contraseñas se quedó corto.

"El desarrollo del ecosistema de internet está en entredicho debido a que las contraseñas ya no son seguras. Esto es un hecho", dijo a la revista Time Michael Barret, jefe de seguridad del sistema de pagos en línea PayPal.

La mayoría de sistemas de encripción de contraseñas guardan las claves de todos los usuarios de un sitio web en un archivo único, una técnica vieja y muy insegura. Servicios como LinkedIn y PlayStation Network, por mencionar algunos, han sufrido ataques a dicho sistema y perdido millones de claves.

"Un ataque de fuerza bruta (un super PC adivinando una contraseña) permite descubrir una clave en minutos", escribió en su blog Poul-Hening Kamp, inventor del sistema de contraseñas MD5 Crypt, uno de los más usados en internet y declarado por su propio creador como obsoleto.

De otro lado, las personas son el punto más débil de todo sistema de seguridad. Según un estudio de 2013 de la consultora Nok, un usuario de internet usa la misma contraseña para nueve servicios en línea al día.

A partir de engaños como el phishing (sitios web, mensajes o apps que parecen reales solicitando datos) los malos logran una contraseña que "les permite hacerse con varios servicios de la víctima", explicó Kamp a la revista Wire.

La industria es consciente de la obsolescencia de las contraseñas y trabaja en conjunto para cambiarlo (ver recuadro FIDO). El objetivo es modernizar el sistema con uno que combine varios requisitos de comprobación de la identidad. "Tenemos la tecnología, pero pasarán años antes de que estandaricemos su uso", puntualizó Barret de PayPal.

LOS HACKERS:

Hacker se referirse a una persona o a una comunidad que posee conocimientos en el área de informática y se dedica a acceder a sistemas informáticos para realizar modificaciones en el mismo.

Los conocimientos que se pueden adquirir sobre los ataques de hackers son importantes, para la seguridad de su equipo y más aún la de su información.

De acuerdo con estas ideas, la presente investigación va a estar centrada en analizar y diagnosticar los recursos que pueda aplicar el usuario al computador para poder evitar el acceso de visitantes indeseados.

CLASES DE HACKERS

Existen más de 17 tipos de hacker, pero nos referiremos a 3 en específico:

Hackers white hat (O de sombrero blanco)

Son aquellos que se basan en la ética. Desarrollan su trabajo fortaleciendo y protegiendo los sistemas informáticos de sus clientes, ocupando así puestos importantes en las empresas de seguridad informática. Hacen auditorias informáticas (Es un proceso que consiste en recopilar, agrupar y evaluar evidencias que permiten determinar si el sistema informático utilizado por una empresa mantiene la integridad de los datos, y cumple con los protocolos).

Hacen un uso eficiente de los recursos, cumple con las normativas y leyes establecidas que regulan la materia. En los sistemas para así protegerlos del ataque de otros hackers. Son esenciales para que las grandes empresas dispongan de una red sólida.

Hackers black hat (O de sombrero negro son aquellos que usan sus conocimientos para hacer el mal).

Estos son los verdaderos ciberdelincuentes En la inmensa mayoría de casos, lucrarse). Detectan fallas en los sistemas de seguridad informáticos para así romperlos y acceder a zonas restringidas donde pueden obtener información secreta. De este modo, clonan tarjetas de crédito, suplantan identidades, extraen información para chantajear.

Hackers red hat (O de sombrero rojo son aquellos que podrían entenderse como los Robin Hood del mundo de los hackers).

Son aquellos que actúan contra los hackers de sombrero negro con el objetivo de derribar su infraestructura, pirateando los sistemas de estos hackers negros, deteniendo los ataques que estos realizan.

APRENDA A BLINDARSE CONTRA LOS "HACHER"

En épocas de interceptaciones y robos de información, espionaje de perfiles sociales en internet y otros delitos cometidos por los mal llamados *hackers* (término que realmente describe a alguien experto en sistemas informáticos, no a un delincuente), la gente se pregunta por la efectividad de la seguridad digital y sobre cómo es posible protegerse.

Según la empresa Symantec, creadora entre otras del antivirus Norton, el año pasado seis millones de colombianos tuvieron algún incidente de seguridad informática. La multinacional, en su informe anual de ciberseguridad, reveló que el año pasado se recibieron casi 5.000 denuncias y casos en las autoridades por delitos informáticos, de los cuales, el 62 por ciento afectaron a personas naturales.

Para el experto en seguridad informática, conocido como @SoyOcioX en Twitter, la mayoría de delincuentes "no necesitan de procedimientos sofisticados para vulnerar un perfil. Muchas veces con adivinar la contraseña o la respuesta a la pregunta de seguridad del correo, simulando olvido de clave, se hacen con los perfiles de las personas" Para este conocedor del tema, "las personas pueden reforzar los sistemas de acceso e identificación a sus redes sociales y correo. De este modo hacen muy complejo que alguien pueda penetrar a un perfil o servicio. Aunque claro, no hay nada 100 por ciento seguro"

A continuación, explicaremos cómo es posible blindar y asegurar de mejor manera los perfiles digitales en internet.

ASEGURE SU CORREO

En Gmail dé clic en el icono con su nombre [arriba, derecha] y luego en 'Privacidad' Después haga clic en 'Más información sobre la verificación en dos pasos'. Se iniciará un tutorial que le permite vincular su celular para que cuando alguien extraño intente iniciar sesión, no pueda por no recibir el código en su móvil.

En Outlook: entre a su cuenta, pulse en el botón en forma de piñón y luego en 'Configuración' Dé clic en 'Detalles de la cuenta' y en 'Seguridad y contraseña'

FACEBOOK

En el computador dé clic en el icono en forma de candado [arriba, derecha], luego en 'Ver más'. En la parte izquierda haga clic en 'Celular' y asocie su número.

Luego pulse en 'Seguridad' y en 'Aprobaciones de inicio de sesión'.

Cada vez que ingrese a su Facebook desde un computador, celular o tableta que no sean los suyos, deberá introducir un código que le llega a su móvil por SMS.

Por el cargo, que está en niveles gerenciales, pagan cifras astronómicas, pero alrededor de este también se generan un gran estrés y elevado riesgo laboral.

En Facebook tienen una serie de normas comunitarias y también en Instagram disponemos de directrices comunitarias. Se actúa cuando tenemos conocimiento de la existencia de contenidos que infringen estas políticas, como es el caso del acoso y la intimidación, y estamos constantemente mejorando nuestras herramientas de detección para localizar más rápidamente este tipo de contenidos.

Garantizar que los usuarios no vean contenidos de odio o acoso en los mensajes directos es complicado al tratarse de conversaciones privadas, pero estamos tomando las medidas necesarias para actuar con más contundencia frente a las personas que infringen nuestras normas. Si alguien persiste en el envío de mensajes que trasgreden las normas de uso, desactivaremos su cuenta. También deshabilitan aquellas cuentas nuevas que se creen para eludir nuestras restricciones de mensajería y seguiremos deshabilitando las cuentas que descubran que hayan sido creadas únicamente para enviar mensajes dañinos.

En Facebook e Instagram se trabaja de forma permanente para desarrollar nuevas tecnologías que fomenten las interacciones positivas, actuar contra los contenidos nocivos y lanzar nuevas herramientas que permitan a los usuarios tener un mayor control de sus experiencias en línea.

Estos son algunos ejemplos en el caso de Instagram:

Cuando alguien escriba un pie de foto o un comentario que nuestra inteligencia artificial detecte como potencialmente ofensivo o intimidatorio recibirá un aviso en el que se le invitará a pararse a reconsiderar si quiere revisar el texto antes de publicarlo.

Los comentarios que incluyan palabras, frases o emojis ofensivos serán ocultados o filtrados automáticamente gracias a la función "Ocultar comentarios", que está activada por defecto para todos los usuarios. Si quieres una experiencia aún más personalizada, puedes crear tu propia lista de emojis, palabras o frases que no quieres ver: los comentarios que contengan esos términos no aparecerán en tus publicaciones y los mensajes se enviarán a una bandeja de entrada filtrada. Todos estos filtros se encuentran en tu configuración de "Palabras filtradas".

TIKTOK

Utilizan una combinación de tecnología y equipos de moderadores para ayudarnos a identificar y eliminar de nuestra plataforma contenidos o comportamientos abusivos.

También se proporciona a su comunidad una amplia gama de herramientas para ayudarles a gestionar mejor su experiencia, ya sea controlando exactamente quién puede ver su contenido e interactuar con él, o utilizando herramientas de filtrado para mantener el control de los comentarios. Puedes conocerlas en nuestro Centro de Seguridad.

Puedes filtrar todos los comentarios o los que contengan las palabras clave que tú decidas. Por defecto, el spam y los comentarios ofensivos se ocultan a los usuarios cuando los detectamos.

Puedes eliminar o denunciar varios comentarios a la vez, y también puedes bloquear cuentas que publiquen de forma masiva comentarios acosadores u otros comentarios negativos, hasta 100 a la vez.

SNAPCHAT

Las pautas para la comunidad de Snapchat prohíben de forma clara y explícita cualquier tipo de acoso, intimidación u hostigamiento.

Se cualesquiera de estos comportamientos en nuestra plataforma, dado que no se ajustan a los principios por los que Snapchat fue creada y diseñada.

Si avisas de que estás sufriendo alguno de estos comportamientos o eres testigo de que alguien está infringiendo las normas, podemos actuar para protegerte a ti y a los demás miembros de la comunidad.

Además de denunciar contenidos o comportamientos ilícitos a Snapchat, cuéntaselo a tus amistades, progenitores, cuidadores o a un adulto de confianza. ¡El objetivo es que todo el mundo se sienta seguro y se divierta!

Puede que, por diversos motivos, tú o tus amigos sean reacios a hacer una denuncia ante una plataforma tecnológica, pero es importante que sepas que las denuncias en Snapchat son confidenciales y sencillas de hacer. Y recuerda: puedes denunciar tanto snaps (fotos y vídeos) como chats (mensajes) o cuentas en relación con algo que te haya ocurrido a ti o a otra persona.

En los espacios más públicos de Snapchat, como Discover o Spotlight, basta con presionar y mantener pulsado el contenido que se quiere denunciar. A continuación, aparecerá una tarjeta roja con el mensaje "Denunciar contenido" (una de las diversas opciones posibles). Haz clic en el enlace y se abrirá el menú de denuncias. El acoso y la intimidación ocupan las primeras categorías de la lista de denuncias. Simplemente, sigue las instrucciones y proporciona toda la información que puedas sobre el incidente. ¡Gracias por poner de tu parte y ayudarnos a proteger a la comunidad de Snapchat!

TWITTER

Se alienta a los usuarios que nos informe sobre las cuentas que podrían estar contraviniendo nuestras normas. Puedes hacerlo a través de nuestro Centro de Ayuda o a través del mecanismo de denuncia in-Tweet, haciendo clic en la opción "Denunciar un tuit".

Abra su perfil en un navegador Vaya a 'Configuración' y luego a 'Móvil' [columna izquierda]. Vincule su número celular Luego vaya a 'Seguridad' y active 'Verificación de inicio de sesión' De este modo, cuando usted o alguien intente introducir su nombre de usuario y contraseña, tendrá que verificar el proceso con un código que solo llegará a su celular por mensaje de texto.

En Twitter se sigue creando y mejorando herramientas para que la gente se sienta más segura, mantenga el control y gestione su huella digital. Estas son algunas herramientas de seguridad que cualquier persona en Twitter puede utilizar:

Elige quién puede responder a tu Tweet (ya sea todo el mundo, solo las personas que sigues o solo las personas que mencionas).

-Silenciar - Eliminar de tu línea de tiempo los tuits de una cuenta, sin bloquearla ni dejar de seguirla.

-Bloquear – Limitar las cuentas que pueden contactarte, ver tus tuits y seguirte.

-Denunciar – Presentar informes sobre el comportamiento abusivo.

Modo de seguridad: Es una nueva función que bloquea temporalmente las cuentas que utilizan un lenguaje potencialmente perjudicial o que envían respuestas o menciones repetitivas y sin invitación.

Como cientos de millones de personas intercambian ideas en Twitter cada día, es natural que no todos estemos de acuerdo todo el tiempo. Este es uno de los beneficios de una conversación pública, ya que todos podemos aprender de los desacucrdos y discusiones si se llevan a cabo de manera respetuosa.

Puede suceder que después de escuchar a una persona durante un rato, no quiera volver a escucharla. El derecho que esa persona tiene a expresarse no significa que tú tengas la obligación de escucharla. Si se ve o recibe una respuesta que no te gusta, deja de seguir esa cuenta y se debe terminar cualquier comunicación. Si el comportamiento continúa, recomendamos bloquear la cuenta. Si sigues recibiendo en Twitter respuestas no deseadas, dirigidas a ti de manera continua, considera la posibilidad de denunciar este comportamiento a Twitter.

Controlan de manera estricta que se cumplan nuestras reglas para asegurar que todas las personas puedan participar en la conversación pública libremente y de forma segura. Estas reglas abarcan específicamente un número de aspectos que incluyen temas como:

Violencia

Explotación sexual infantil.

Abuso/acoso

Comportamientos de incitación al odio

Suicidio y autolesiones

Compartir contenido multimedia de carácter delicado, incluida la violencia gráfica y contenido para adultos

Como parte de estas reglas, disponen de una serie de opciones de control del cumplimiento cuando se produce una violación a las reglas. Cuando se toman medidas para controlar el cumplimiento podemos hacerlo en relación con un contenido específico (por ejemplo, un

Tweet o Mensaje Directo) o una cuenta.

Tenga en Cuenta

Algunas Sugerencias:

Actualizar sistemas de detección y prevención de intrusos. Monitorear constantemente el sistema y dispositivos. Poseer un adecuado hardening (proceso para endurecer vulnerabilidades) de los servidores que se logra eliminando software, servicios, usuarios innecesarios, así como cerrando puertos que tampoco estén en uso, son algunas de las acciones que le pueden evitar dolores de cabeza.

Recomendaciones para que Cuide Información

No hacer transacciones electrónicas en dispositivos móviles de otras personas. Si va a hacer este tipo de operaciones sobre su móvil, prefieran aquellos sitios que involucran software de seguridad en la transacción. Preferiblemente use filtros de pantalla para que evite la lectura de información por externos y/o cámaras. Prefiera tener bloqueo con clave. Haga. respaldo periódicamente de la información que almacena localmente [contactos, archivos]. Use los sistemas de almacenamiento en la nube y no información guardada localmente.

Novedades a los usuarios

Posibilidad De Obtener Espacio Adicional Plus De Estas

Herramientas.

Se presentan en el espacio otorgado por las distintas nubes que utilizan los usuarios comunes de la red como son: Dropbox, OneDrive de Microsoft, Google Drive de Google, entre otros.

Dropbox: tiene un espacio gratuito de 2GB y bonificaciones de espacio adicional de 500MB por referido, hasta un límite de 16 GB.

OneDrive de Microsoft: posee un espacio gratuito de 7GB y ofrece bonificaciones de espacio adicional de 500 MB por referido y de 3GB por activar el respaldo de la cámara de smartphone desde aplicaciones para Windows Phone, ¡OS y Android!

Google Drive de Google: cuenta con un espacio gratuito de 15GB compartidos entre todas las aplicaciones de Google y no tiene bonificaciones para espacio adicional.

3

QUE HACEN LOS NIÑOS EN INTERNET

Sus Hijos y el Internet

Ver la cantidad de tiempo que los niños pasan en las redes sociales puede no parecer mucho cuando se desglosa por día. Los niños de 6 a 10 años pasaban un promedio de 50 minutos al día en las redes sociales, mientras que los mayores de 19 años pasaban un promedio de 72,7 minutos en línea.

Dado que la mayoría de las películas duran más de 70 minutos, la cantidad de tiempo que todos los grupos de edad pasan desplazándose no parece mucho. Pero cuando tomamos los promedios diarios y los extendemos durante un año, los números suenan mucho más serios. Durante un año, los niños de 6 a 10 años pasan un promedio de más de 18 000 minutos en las redes sociales, Las redes sociales no son del todo malas, pero limitar la cantidad de tiempo que los niños pasan en ellas cada día puede ampliar sus horizontes a otras actividades y disminuir el riesgo de sufrir acoso.

Resulta que, o los hijos no hacen caso de nuestras advertencias cuando les decimos que no hablen con desconocidos, o los padres no les subrayamos lo suficiente este riesgo, porque la realidad es que sí hablan con desconocidos. En este fenómeno no existe ninguna diferencia estadística entre niños y niñas. Tanto ellos como ellas lo hacen. Y, en algunos casos, hasta hacen planes para quedar en persona con estos desconocidos.

¿Qué más hacen los niños en Internet?

Según el estudio sobre el uso de Internet, los niños de entre 9 y 13 años son expertos en hacer cosas que a sus padres no les parecerían bien:

- El 29 % usa Internet para hacer cosas que a sus padres no les parecerían bien.
- El 21 % entra en páginas donde puede chatear con desconocidos.

- El 17 % entra en páginas con fotos de contenido sexual o vídeos para adultos.
- El 11 % entra en páginas con instrucciones sobre cómo copiar tareas escolares.
- El 4 % entra en páginas de apuestas.

Fuente: https://iamcybersafe.org/parent-research/

¿Cómo se conectan a Internet los niños?

Según el citado estudio, el 70 % de los niños de entre 9 y 13 años tiene un teléfono móvil, el 64 % tiene una tableta y el 48 % tiene un equipo en el dormitorio. Eso significa que las criaturas tienen bastantes oportunidades de conectarse a Internet sin la supervisión de un adulto.

Nuestra propia encuesta revela que no hablamos con nuestros hijos

En la última encuesta mundial que AVG realizó a 9.485 padres y tutores, observamos que solo el 43 % de estos habla con sus hijos a menudo sobre el comportamiento en línea de los pequeños. Así pues, a pesar de que nuestro estilo de vida es cada vez más digital, parece que la seguridad en Internet todavía no es un tema habitual entre las familias. Debería darnos vergüenza.

Volviendo a nuestro estudio, realizamos un cuestionario electrónico en la segunda mitad de 2018. Los encuestados tenían por lo menos un hijo menor de 18 años que vivía con ellos. He redondeado las cifras del gráfico siguiente al porcentaje más próximo para hacer la vida más fácil a los lectores (y a nuestro diseñador gráfico), así que algunas no son exactas al 100 %.

A continuación, las preguntas que hicimos y las respuestas de los padres:

«¿Habla con sus hijos sobre lo que hacen o comparten en Internet?»

Esto es lo que Jas Dhaliwal, experto de seguridad para consumidores de AVG, opina sobre esta cuestión:

«Para que Internet sea un lugar más seguro, los adultos y los niños deben poder sentarse a hablar sobre qué comportamientos son adecuados en la red y qué hacer si un niño participa en una actividad que le hace sentir incómodo o es testigo de ella. Mantener una comunicación abierta y sincera es una de las mejores defensas frente a los asaltantes virtuales, el contenido inapropiado y el ciberacoso. Hasta que un niño cumple una edad en que los padres consideran que ya es maduro para tomar decisiones por su cuenta en relación con las actividades digitales, y el hijo también lo siente así, estas conversaciones son esenciales».

Es decir, en vez de contarles cómo papá planta una semillita en mamá, es mejor explicarles cómo protegerse en línea.

(Nota: La edad media del hijo más pequeño de los encuestados era de 10 años).

Dhaliwal prosigue: «La independencia digital constituye un gran desafío para los padres de hoy en día porque, como nuestra investigación demuestra claramente, no existe consenso alguno sobre cuándo se considera que un niño es independiente en la esfera digital.

Hablar regularmente sobre unos hábitos seguros de navegación digital es muy importante, pero los padres también deben tener en cuenta las actividades en las que participan sus hijos, estén supervisadas o no, así como el grado global de desarrollo emocional del niño, ya que todos estos factores inciden en su vulnerabilidad en la red».

En todo el mundo, los niños suelen pasar su tiempo mirando videos y escuchando música. Durante el año pasado, casi el 40% de todas las notificaciones de Safe Kids correspondió a las categorías de software, audio y video. Le sigue la categoría "Redes" (24,16%), mientras que el tercer lugar lo ocupan los juegos de computadora, con el 15,98%. Las tiendas en línea ocupan el cuarto lugar en términos de popularidad (11%) y las noticias ocupan el quinto lugar (5,54%).

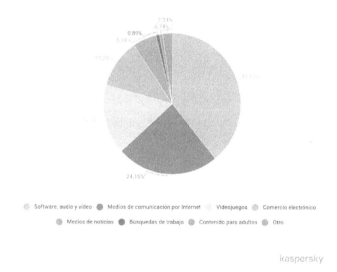

En todo el mundo, los niños suelen pasar su tiempo mirando videos y escuchando música. Durante el año pasado, casi el 40% de todas las notificaciones de Safe Kids correspondió a las categorías de software, audio y video. Le sigue la categoría "Redes" (24,16%), mientras que el tercer lugar lo ocupan los juegos de computadora, con el 15,98%. Las tiendas en línea ocupan el cuarto lugar en términos de popularidad (11%) y las noticias ocupan el quinto lugar (5,54%).

Consejos para proteger a sus hijos en la red

Los padres no deberían depender de las empresas de redes sociales para intervenir y controlarse a sí mismos. Como alternativa, el software de monitoreo para padres puede ayudar a los padres a realizar un seguimiento de lo que hacen sus hijos en sus teléfonos y administrar su actividad en consecuencia. Es posible que su dispositivo incluya algunas herramientas de control parental, y una variedad de proveedores externos ofrecen paneles fáciles de usar desde los cuales los padres pueden filtrar el contenido. Comparitech tiene reseñas detalladas y tutoriales sobre las mejores aplicaciones y software de control parental.

Aparte de instalar un antivirus de confianza en el equipo del niño, siga estas sugerencias básicas para proteger a sus hijos en Internet. Son muy útiles a la hora de evitar los peligros que acechan en el mundo digital.

Dialogo con sus hijos

Cada vez les damos a los niños sus primeros aparatos conectados a Internet a edades más tempranas, por eso tenemos que hablar pronto con ellos. Adviértales del malware, las páginas peligrosas y los delincuentes que cometen ofensas de carácter sexual. Dígales a sus hijos que se preocupa por ellos, hábleles con franqueza y escúchelos. Porque, si solo habla usted, no es una conversación, sino un sermón. Y a nadie le gusta que le sermoneen.

En lo posible mantenga el equipo en una zona común de la casa

Es más difícil que los delincuentes sexuales y los acosadores virtuales intimiden a un niño si el padre ve lo que está haciendo, así que no deje que se vaya a la cama con el portátil o el teléfono. Restrinja el uso de Internet a las zonas comunes.

Conozca qué otros equipos utilizan sus hijos

Lo más probable es que tengan acceso a algún equipo en el colegio o en casa de sus amigos. Pregúnteles desde dónde se conectan y hable con los padres de sus amigos para saber cómo supervisan el uso que sus hijos hacen de Internet.

Adviértales que no deben hablar con desconocidos ni quedar con ellos

Déjeles bien claro que los desconocidos virtuales no son sus amigos. Hágales ver que la gente miente mucho sobre su edad y que los acosadores virtuales suelen hacerse pasar por niños. Recalque que no deben revelar nunca datos personales, como el nombre, la dirección, el número de teléfono, el colegio donde estudian y ni siquiera los nombres de sus amigos. Cualquiera de estos datos podría permitir a un acosador virtual dar con su hijo en persona. Y su hijo jamás debería quedar con alguien que haya conocido por Internet sin su permiso bajo ninguna circunstancia. Si decide acceder al encuentro, vaya con él y quede en un lugar público.

Use Internet en familia

Si ven películas en familia, ¿por qué no navegar por la red también juntos? Puede ser muy divertido hacerlo en familia. Sabrá mejor lo que interesa a sus hijos y les podrá orientar sobre las páginas más apropiadas para su edad.

Conozca sus contraseñas

Si su hijo es pequeño, créele una cuenta en su propio nombre para evitar desvelar el del niño: así usted sabrá la contraseña. Pero, al crear una cuenta, respete las restricciones de edad. Si en una página pone que hay que tener 18 años para registrarse, hay que esperar. Haga lo que haga, asegúrese de pedirles las contraseñas y avíseles de que, de vez en cuando, entrará en la cuenta para comprobar que todo esté bien. (Espiar sus cuentas sin que ellos lo sepan podría debilitar la confianza que tienen en usted).

Esté atento a sus cambios dudosos de comportamiento

El secretismo sobre lo que hace en la red, alejarse de la familia y otros cambios en la personalidad podrían ser señales de que su hijo está siendo víctima de un acosador sexual, así que manténgase alerta ante cualquier cambio en el comportamiento.

Preste atención a los regalos que reciban

Los acosadores sexuales pueden enviar cartas, fotos o regalos a los niños para seducirles. Esté atento y pregunte a sus hijos sobre los juguetes nuevos que lleven a casa.

Consulte su historial de navegación

Abra el navegador web de su hijo y busque el historial, que contiene todas las páginas que ha visto. Eche un vistazo también a la papelera de reciclaje para ver si hay archivos borrados. Puede que se sorprenda.

Ponga normas y sígalas

Es responsabilidad de los padres limitar el tiempo que sus hijos pasan usando los dispositivos electrónicos: ponga límites en relación con el contenido inadecuado y encárguese de que el niño no los sobrepase. En serio, hágalo. Consulte al proveedor de Internet los filtros disponibles para bloquear páginas con contenido pornográfico o violento, o utilice un router Wifi con controles paternos.

Coloque sistema de Control Parental

Varias firmas antivirus ofrecen controles parentales para que sus hijos no entren a página restringidas e incluso usted puede saber desde la distancia que está viendo o haciendo su hijo en internet.

AVG Internet Security no permite que los mirones entren en su hogar, ya que impide a los hackers acceder a la webcam del equipo. Así, podrá descansar mejor sabiendo que no hay nadie espiando a sus hijos.

Enséñeles a sus hijos

Hay redes sociales especialmente diseñadas para los niños, niñas y adolescentes, como Penguin Club, Togetherville, Kidswirl, entre otras, que incluyen filtros y controles de contenidos, además de moderadores automáticos y humanos en sus foros y salas de chat. Por otra parte, estas redes tienen secciones con recomendaciones claras y precisas para los padres y madres.

¿Cree que alguien está acosando a su hijo? Denúncielo

Si sospecha que su hijo es víctima de un acosador, llame a la policía de inmediato. Y no toque el equipo: puede que contenga pruebas importantes que sirvan para atrapar al delincuente.

4

ADOLECENTES

Y EL USO DE INTERNET

CONTEXTO DE LAS TECNOLOGIA DE LA INFORMACIÓN Y COMUNICACIÓN TIC

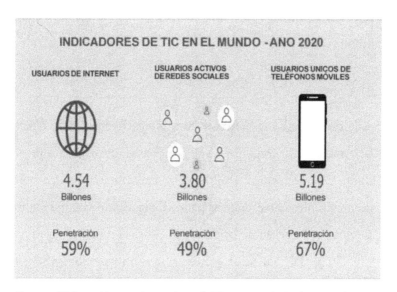

Fuente: Elaboración propia con datos de We are social. (30 de enero de 2020). Digital 2020: 3.8 mil millones de personas utilizan las redes sociales. https://wearesocial.com/blog/2020/01/digital-2020-3-8-billion-people-use-social-media

La población menor de 24 años sigue teniendo un gran peso en el uso las Tecnologías de la Información y Comunicación (en adelante TIC) en todo el mundo. Hay diferencias en el uso de redes sociales, según el sexo. Sin embargo, la brecha de género es variable, según el país y la región.

Con relación a las dinámicas de uso de Internet a escala

mundial, más del 40% de los usuarios de Internet han pasado más tiempo usando las redes sociales en los últimos meses, y esacifra aumentó a más del 60% en los últimos meses durante la pandemia de coronavirus. Mantenerse en contacto con amigos y familiares sigue siendo el motivador principal para el uso de las redes sociales, pero también lo es el entretenimiento, "llenar el tiempo libre" y "encontrar contenido divertido y entretenido" son las razones segunda y tercera más citadas para usar las redes sociales (We are Social, 2020).

A escala regional, la penetración de Internet proyectada en América Latina y el Caribe para el año 2020 fue de 78.78%, lo que muestra un crecimiento de conectividad y uso de Internet durante el periodo 2018-2020. Sin embargo, hay diferencias considerables entre algunos países de la región que tienen una menor penetración de Internet, como es el caso de Honduras (39.33%), El Salvador (45.02%) y Bolivia (58.34%) en comparación con los países que tienen una mayor penetración: Venezuela (95.83%), seguida de Trinidad y Tobago (90.79%) y la República Dominicana (90.54%).

Si Se Conecta Al Celular Que Hace Habitualmente

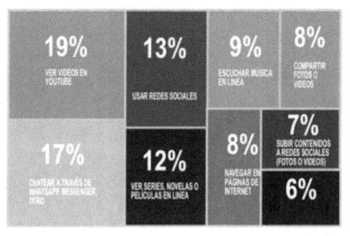

1% REALIZA OTRAS ACTIVIDADES, TALES COMO JUGAR, BUSCAR CLASES O BUSCAR NOTICIAS E INFORMACIONES DE POLÍTICA.

Fuente: Datos propios, encuesta aplicada.

El uso de Internet que hacen los adolescentes es mayormente para el entretenimiento y para estar en contacto y comunicación con otras personas, por lo regular, con familiares y con sus pares adolescentes.

Hubo algunas diferencias por el sexo en las actividadesque realizan las personas adolescentes cuando se conectan a Internet por medio del celular. Las adolescentes (8%) suben contenidos a redes sociales (fotos o videos) el doble que los adolescentes (4%). Asimismo, las adolescentes usan redes sociales 3% más que los adolescentes.

La mayor diferencia fue de 4 puntos porcentuales por encima entre ambos grupos etarios con respecto a dos actividades: el uso de redes sociales, que realiza con mayor frecuencia el grupo de 15 a 17 años y ver videosde YouTube, que realiza con mayor frecuencia el grupode

12 a 14 años.

QUE HACEN REGULARMENTE EN EL COMPUTADOR
DE ESCRITORIO DE LA CASA

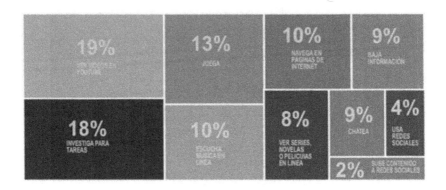

Fuente: UNICEF. República Dominicana.

Por razones propias del ciclo de la adolescencia, los adolescentes entrevistados que se encuentran en adolescencia temprana gustan más del juego através de las plataformas digitales, en tantoaquellos que se encuentran en la adolescencia tardía gustan más de estar en comunicación, através de chat o de redes sociales.

Casi todos los adolescentes usan redes sociales; solo los adolescentes de menor edad (12-14 años) usan plataformas de videojuegos en línea, como Roblox o Fortnite. La mayoría de las redes sociales y los videojuegos contienen chat de voz y texto o permiten transmisión en vivo, lo que posibilita el contacto con personas desconocidas en Internet y que se considera un riesgo en línea neutro, pues, así como podría ayudarles en los procesos de socialización ampliando sus círculos de amistades también podría ponerles en contacto con un depredador sexual.

Principales Redes Sociales y Plataformas Digitales Utilizadas por Adolescentes

más que estas. TikTok es usado por las mujeres en un 8% más que los hombres, así como también Facebook con 3 puntos porcentuales por

Principales Redes Sociales y Plataformas Digitales Utilizadas por Adolescentes

Las chicas usan WhatsApp 32% más que los chicos. En cambio, los chicos usan YouTube 29% más que las chicas, e Instagram en un 13% encima.

WhatsApp es 32% más usado por los más grandes en comparación con los más chicos; en cambio, el grupo de entre 12 y 14 años usa YouTube y TikTok, en un 17% y en un 15% más, respectivamente, que los adolescentes entre 15-17 años.

Otra 4%.

El 4% de los adolescentes, todos con edades comprendidas entre 12 y 14 años, dijo que usa otrasredes sociales que contienen chat de voz y texto o que permiten transmisión en vivo, como Discord,Facebook Messenger, Likee. También señalaron plataformas de videojuego, que contienen chat, como Roblox, Fortnite o buscadores de Internet, como Google.

Ocurrencia de Riesgos y Situaciones de Explotación Sexual enLínea en Adolescentes

¿HACES ALGUNAS DE ESTAS COSAS CUANDO USAS INTERNET?

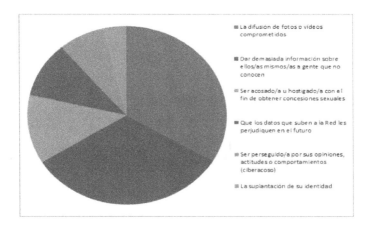

El 41% de las personas adolescentes aceptan o agregan a personas desconocidas en sus redes sociales, de los cuales el 7% dijo que lo hace bastantes veces y el 34% respondió hacerlo solo a veces, el 17% usa la cámara de video para conocer y que le conozcan personas nuevas y

el 16% tiene acceso a sitios con contenido para adultos.

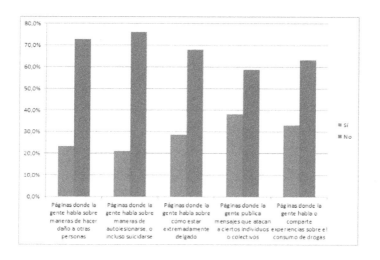

Aceptar o agregar a personas desconocidas en redes sociales y publicar fotos propias en poses provocativas en redes sociales son actividades realizadas bastantes veces o solo a veces en mayormedida por las chicas que por los chicos.

En cambio, tener acceso a sitios que contienen pornografía, usar la cámara de video para conocery que le conozcan personas nuevas, publicar fotos de otras personas sin su permiso, que pueden molestarlo/a y agredir o molestar a pares adolescentes manteniendo el anonimato son actividadesrealizadas bastantes veces o solo a veces en mayor proporción por los hombres en comparación con las mujeres.

Los adolescentes entre 15 y 17 años aceptan o agregan a personas desconocidas en redes sociales 15% más que los adolescentes entre 12 y 14 años.

Publicar fotos propias en poses provocativas en redes sociales, usar la cámara de video para conocer y que le conozcan personas nuevas, publicar fotos de otras personas sin su permiso, que pueden molestarlo/a y agredir o molestar a pares adolescentes manteniendo el anonimato son actividades realizadas bastantes veces o solo a veces por adolescentes en mayor medida entre 12y 14 años.

También es frecuente que los adolescentes hagan memes y los difundan por las redes sociales, los cuales están normalizados sin medir las consecuencias

Acceso a contenido sexual por parte de los adolescentes participantes

13. ¿Compartes tus datos personales con tus amigos/seguidores de las redes sociales?

Sí
12%

No
88%

Cuando se les consultó a las personas adolescentes si han recibido contenido pornográfico sin buscar o solicitar, el 47% afirmó que nunca ha recibido contenido sexual o erótico. Además, el 14%contestó que recibe estos contenidos cuando navega en páginas web, el 11% a través de grupos deWhatsApp, el 10% a través de Facebook, 7% cuando busca programas, series o películas, 6% buscando cosas en Google, 4% viendo videos en YouTube y el 1% en Snapchat.

¿Alguna Vez Recibiste Sin Buscar O Solicitar Fotos, Videos O Textos Que Contuvieran Personas Sin Ropa, Personas En Una Actividad De Tipo Sexual O Erótica?

El 15% reveló participar o haber participado en conversaciones con contenido sexual o sexo virtualy el 85% respondió que no. No se encontraron diferencias con respecto al sexo de losadolescentes, pero hubo sí una leve diferencia por la edad. Los adolescentes entre 15-17 años participan o han participado en conversaciones con contenido sexual o sexo virtual un 2% más quelos adolescentes entre 12 y 14 años.

El 61% de las personas adolescentes que participan o participaron en conversaciones con contenido sexual o sexo virtual lo hicieron con otro joven /adolescente, 17% con un conocido y 22%.

En esta pregunta hubo diferencias según el sexo y la edad de los adolescentes. Solo las chicas expresaron participar o haber participado en conversaciones con contenido sexual o sexo virtual con personas adultas o con personas desconocidas (27%). En cambio, los hombres dijeron que solohan sostenido este tipo de conversaciones con otro joven / adolescente o con personas conocidas.

Con relación al videojuego Free Fire, las personas adolescentes dijeron que contiene un chat que permite interactuar con otros jugadores, con la posibilidad de crear perfiles falsos, además de que permite dar regalos dentro del juego a los amigos.

Otras redes sociales por las que se solicita o por las que se ha difundido material con contenido sexual sin consentimientos de los adolescentes son TikTok, Twitter, WhatsApp e Instagram; en ocasiones el contenido se ha viralizado, según los adolescentes participantes en los grupos de discusión.

Relaciones interpersonales virtuales y encuentrospresenciales condesconocidos

¿Tienes o has tenido una relación de amistad con una personaque solo conoces por redes sociales?

El 40% de las Personas adolescentes afirmó tener o haber tenido una relación de amistad con unapersona que conoció por redes sociales. Las chicas (43%) tienen o han tenido una relación de amistad con un extraño por redes sociales 8% más que los chicos (35%)

¿En caso de ser sí en alguna de las situaciones, ¿esta persona insistió en encontrarse físicamente contigo?

Del total de personas adolescentes que alguna vez participó en conversaciones de contenido sexualo sexo virtual, o que mantuvieron relaciones de amistad o relaciones amorosas virtuales, al 17% le insistieron en encontrarse físicamente (Gráfico 24). Sin embargo, de los adolescentes que accedieron a encontrarse, ninguno dijo haber sido acosado o abusado sexualmente.

Factores de Riesgo y de Protección Frente a   la Violencia en Línea, con enfoque en Explotación Sexual en Línea

En esta sección se identifican una variedad de factores que facilitan la ocurrencia de riesgos en el uso de Internet (factores de riesgo) en adolescentes frente a situaciones de violencia en línea, con enfoque en explotación sexual en línea en adolescentes; así como factores de protección que pueden reducir esos riesgos.

Además, se describen cuáles son los perfiles más vulnerables frente a situaciones de violencia en línea, con enfoque en explotación sexual en línea.

Poco conocimiento de los riesgos en línea por parte de adolescentes, padres y madres, mayormente. Los docentes tienen mayor grado de conocimientos y manejos de casos relacionados.

Los factores de riesgo identificados por los participantes de la investigación en el contexto local y que inciden en la ocurrencia de casos de explotación sexual de niñas, niños y adolescentes en línea fueron:

Poco conocimiento de los riesgos en línea por parte de adolescentes, padres y madres, mayormente. Los docentes tienen mayor grado de conocimientos y manejos de casos relacionados.

Poca o nula supervisión de los padres en los hábitos de uso de Internet de las personas adolescentes y discontinuidad de las reglas, las cuales decrecen a medida que tienen más edad o en función del sexo, las chicas son más supervisadas que los chicos.

Relaciones de poder asimétricas basadas en género en parejas de adolescentes comoun continuum de los patrones de la crianza sexista, concepciones machistas, la violencia como forma de relación aceptada y masculinidades basadas en la violencia yel control de los entornos físicos, presentes también en los entornos digitales.

Exposición de las niñas, niños y adolescentes a medios de

comunicación explícitos, promoviendo el sexo, el consumismo en base a la imagen física y sexualización de lasmujeres desde la niñez.

Carencias económicas de los hogares.

Desinformación y desarticulación de los actores para establecer medidas preventivasy correctivas para los riesgos en línea, con enfoque en la explotación sexual en línea de niñas, niños y adolescentes.

Aunque los adolescentes de ambos sexos se encuentran en riesgo de poder ser víctimas de explotación sexual en línea, todos los actores entrevistados coinciden en que las chicas son más vulnerables que los chicos a recibir solicitudes de personas desconocidas, a ser acosadas y a compartir fotos o videos con contenido sexual. Otras razones que hacen a las chicas más vulnerables a ser acosadas en línea son ser más expresivas y abiertas para relacionarse con otraspersonas, además de que son más confiadas a creer en lo que les dicen y son más susceptibles a la presión de grupo de pares que los chicos.

En síntesis, es importante destacar que la muestra en este caso particular es pequeña, con menorparticipación de hombres que de mujeres adolescentes, por lo que es difícil sacar conclusiones definitivas de esta información, pero de todas formas parece bastante claro que el hecho de ser mujer es una característica que coloca a las adolescentes en mayor desprotección frente a la explotación sexual en línea que a los chicos, sin importar el rango edad.

Aunque las personas adolescentes están expuestas a los riesgos en línea, estas no mostraron sentirse atemorizadas en caso de vivir una situación negativa o desagradable en el uso de Internet. Los adolescentes manifestaron estar dispuestos a romper el clima de silencio, que por lo general acompaña a las víctimas de abuso y explotación sexual, estando en disposición de comunicar las situaciones negativas o desagradables en el uso de Internet a una persona de su confianza, principalmente los padres. Los adolescentes mostraron tener conocimiento de dónde dirigirse en caso de necesitar ayuda y apoyo, además de tener confianza en sus propias capacidades para enfrentar las amenazas de los perpetradores sexuales que pudieran enfrentar. Si Ocurriera Una Situación Desagradable Usando Internet En El Celular O En la computadora ¿A quién buscarías?

¿Piensas que los maestros / profesores pueden ayudarte a usar Internet con más cuidado o ayudarte a evitar que alguien pueda ponerte en peligro o hacerte daño, sea a través de la computadora o del celular?

Capacitaciones en centros educativos. Se ha constatado que la escuela juega un rol fundamental en la prevención de los riesgos en línea, puesto que las personas adolescentes manifestaron haber obtenido información sobre los riesgos en línea y tener conocimiento de cómo comportarse en líneaa través de las capacitaciones sobre seguridad en línea impartidas en sus respectivos centros educativos. Además, los adolescentes mostraron el deseo de que estas capacitaciones sean más habituales y participativas sobre los riesgos en línea que pueden encontrar.

En esta sección se analizan las cinco entrevistas en profundidad y los dos grupos de discusión a madres y padres de adolescentes entre 12 y 17 años, de los municipios de estudio, a fin de indagar sus conocimientos, actitudes, percepciones y prácticas en su rol de cuidado y supervisión con respecto al uso de TIC de sus hijas/os, frente a la violencia en línea, con enfoque en explotación sexual en línea. La selección de los informantes consistió en que fuesen padres de adolescentes en el rango etario comprendido y que tuviesen acceso a Internet.

El nivel educativo de los padres participantes en las entrevistas y en los grupos de discusión en línea va, en grado ascendente, desde educación secundaria incompleta hasta educación post universitaria. Con ocupaciones en las áreas de educación, psicología, derecho, hotelería y turismo, zona franca y comercio; incluyendo a madres que se dedican a los quehaceres domésticos. Las madres y padres entrevistados tienen, en promedio, tres hijos.

Madres y padres son los actores que menos conocimiento sobre las TIC demuestran; admitieron que sus hijas e hijos saben más que ellos al respecto.

Las madres y los padres consideran la falta de habilidades técnicas como una limitación para poder establecer pautas de cuidado y orientar a sus hijas/os en el uso de las TIC, sobre todo, para aquellos padres que son iletrados o que residen en zonas rurales, con menores posibilidades de acceso y uso de Internet

Los recursos y fuentes de información que madres y padres utilizan para tener conocimiento acerca de los riesgos en el uso de Internet son las noticias a través de radio y televisión, información de Google, tutoriales de YouTube, las redes sociales y libros de la biblioteca relacionados con el tema. Muy pocos padres dijeron haber recibido charlas o capacitaciones de los centros educativos a los que asisten sus hijos o de otras instituciones, públicas o privadas.

Facebook es la red social que madres y padres consideran como la de mayor riesgo para el uso de sus hijos; a pesar de ello, es una de las redes sociales que más usan sus hijos, salvo algunas excepciones.

Los motivos por los cuales consideran que Facebook es la red social de mayor riesgo fue porque dijeron que hay contenido sexual, porque es muy público o por las solicitudes de amistad de personas desconocidas. Frente a la ocurrencia de situaciones de explotación sexual en línea, la mayoría de los padres no están sensibilizados ni capacitados para, primero, saber que hay riesgos y situaciones en línea que constituyen delitos y que en el país existe legislación y organismos que tienen la capacidad para investigar y sancionar a quienes incurran en dichos delitos y, segundo, para denunciar estos hechos, sin perder o dañar la evidencia digital.

La mayoría de los padres tiene una baja percepción acerca de que sus hijos puedan ser víctimas de alguna situación de explotación sexual en línea de niñas, niños y adolescentes, porque dijeron que les han orientado y les han dado las herramientas para saber actuar e informarles en caso de ocurrencia de cualquier situación que les resulte desagradable o molesta en el uso de Internet.

En cambio, consideran que la generalidad de madres y padres no tienen las informaciones necesarias ni están capacitados para saber manejar situaciones de riesgo o casos de explotación sexual de niñas, niños y adolescentes en línea en caso de que les ocurra a sus hijos.

Docentes

Hay una tendencia a pensar que los hábitos de uso de las TIC de los adolescentes no aportan provecho o beneficio a sus vidas, sino que son más bien una "manera de perder el tiempo".

Los docentes no reciben capacitaciones continuas en TIC para desempeñar su trabajo o en algunos centros educativos no hay personal profesional en el área de informática educativa, por lo tanto, no utilizan los equipos instalados en los laboratorios.

Los entrevistados reconocieron algunos riesgos en el uso de las TIC para los adolescentes. WhatsApp y Facebook son las redes sociales señaladas por los docentes en que se han presentado mayores conflictos o situaciones de riesgo

La mayoría de los entrevistados dijo que sí había vivido una situación riesgosa o que pudiera degenerar en explotación sexual de niñas, niños y adolescentes en línea con los alumnos. Los docentes y directores dijeron que el sexting o el ciberbullying son las actividades más comunes entre los adolescentes, específicamente las fotos que se comparten entre ellos.

Los docentes entrevistados tienen ideas distintas con relación al ciberbullying, pues algunos consideran las expresiones de acoso escolar como "un relajo" entre los adolescentes, mientras otros docentes sí lo consideran como tal.

Los casos o situaciones de sexting en adolescentes que reportaron los entrevistados ocurrieron en el ámbito escolar o en las comunidades donde están ubicados los centros educativos, teniendo trascendencia pública por la difusión y viralización del contenido. Los entrevistados especificaron que no se han reportado o no se han enterado de casos de sexting en que fuesen varones quienes compartieran el contenido sexual o erótico. También se evidenciaron casos de grooming entre adolescentes y personas adultas.

En ocasiones, el contenido sexual o erótico se comparte con personas adultas extranjeras a través de videollamadas para obtener recargas de Internet.

Los docentes también dijeron haber manejado casos de violación sexual por parte de familiares o relacionados de las víctimas. Algunos casos de violación sexual nunca fueron denunciados a las autoridades, porque al momento de la víctima confesarles lo sucedido los familiares estos no les creyeron, provocando conductas compulsivas en la víctima, como la autolesión. Estos casos tampoco fueron tratados por el Departamento de Orientación y Psicología de los centros educativos, porque los docentes no los reportaron, ni el personal de dicho Departamento lo detectó.

Los niños, niñas y adolescentes están expuestos a otros riesgos en internet, algunos de estos se relacionan con situaciones:

•Comerciales: que reciban mensajes no deseados (spam), que sus movimientos en la web sean seguidos, que se capture su información personal o que visiten sitios de apuestas. A su vez, podrían ingresar sin permiso (hackear) sitios o usuarios, descargar material ilegal, entre otros.

•Violentas: que reciban o encuentren (o que produzcan o difundan) contenidos violentos, que sean acosados, agredidos o abusados (o que acosen o agredan a otros).

•Sexuales: que reciban o encuentren contenidos pornográficos, que se encuentren personalmente con extraños que conocieron en la web. También podrían producir o subir material pornográfico a la red.

•Ético: que reciban o encuentren (o que produzcan o difundan) contenidos racistas o que fomenten malos hábitos.

Como Controlar El Uso De Internet De Los Adolescentes

Los adultos debemos usar las tecnologías y navegar por internet, experimentando y aprendiendo cuáles son sus posibilidades, servicios y funciones. Es una excelente forma de comprenderlos mejor y de facilitar el diálogo con adolescentes.

Utilizar los filtros y las funciones de control de contenido.

Alertar

Alertar sobre los riesgos de dar información indiscriminadamente. Y la importancia de conocer sus los contactos con los que se comunican, y advertirles sobre los riesgos vinculados a la suplantación o robo de identidad. Cuidar la información personal que guarda en el teléfono celular, y evitar prestarlo a personas que no sean de confianza, porque esos datos o imágenes podrían ser retransmitidos.

Aconsejar

Antes de decidir ingresar como miembro a una red social, es importante conocer sus términos y condiciones. Cuando esos cambian, lo que sucede frecuentemente, es necesario informarse sobre cuáles fueron los cambios y para qué se realizaron.

Conocer las características de las redes sociales, foros y otros sitios en los que participen.

La mayoría de las redes sociales coinciden en algunas cuestiones importantes. Por ejemplo:

No permiten la difusión de contenidos sexuales o material pornográfico, con expresa mención de todos aquellos que estén relacionados con niños, niñas y adolescentes.

No admiten el lenguaje violento o que incite al odio.

No admiten la discriminación en ninguna de sus formas.

Prohíben la creación de perfiles que no representen a una persona real o que usurpen la identidad de una persona real.

No admiten las expresiones que ofendan a personas, grupos o comunidades.

Adicionalmente, la mayoría de las redes sociales tiene edades de admisión. Por ejemplo: Facebook, Twitter o Google+ no admiten usuarios o usuarias menores de 13 años.

Acompañar

Dentro de lo posible, acompañar sus actividades en internet.

Explicarles

Es bueno explicarles a los adolescentes comprendan la diferencia entre "amigos" o "amigas" y "contactos".

Un contacto no necesariamente tiene mucha información sobre nosotros. Un amigo o amiga en cambio, suele saber dónde vivimos, conoce a nuestra familia, comparte nuestra vida.

Un contacto se entera cuándo es nuestro cumpleaños y puede dejarnos un saludo afectuoso en el muro de Facebook, pero no está invitado a compartir nuestra fiesta.

Hacer un contacto solo requiere un clic. Hacernos amigo o amiga de alguien es un recorrido en el cual vamos conociéndonos e intercambiando información sobre nuestras vidas.

Establecer Privacidad

Muchos adolescentes deciden compartir información vinculada a su imagen personal, sus rutinas y sus pensamientos en las redes, por ello se les debe establecer los parámetros de privacidad suele presentar cierto grado de complejidad.

Es importante que padres, madres o adultos a cargo puedan conversar con ellos sobre cuáles van a ser los criterios de privacidad que aplicarán respecto de la información que suben a internet. Es necesario conversar sobre esto y permitirles pensar, elegir y determinar por sí mismos, con el consejo de un adulto, cómo y con quién quieren compartir su información. Comunicaciones online. Las fotos, por ejemplo, ocupan un lugar central en los intercambios virtuales: permiten identificar físicamente al interlocutor, son el punto de partida de conversaciones y hasta permiten evaluar la veracidad o falsedad de los perfiles.

No intercambiar información personal, contraseñas o datos de la familia con desconocidos, ni subirlos o publicarlos en sitios públicos.

Comprender en qué consiste la privacidad. Explicarles la importancia de proteger sus datos personales con ejemplos de la vida cotidiana, para que entiendan que esa información puede ser utilizada en su contra.

Respetar la privacidad de amigos, conocidos y familiares no identificando a las personas que aparecen en sus fotos o videos sin su autorización, y a hacerse respetar cuando se sientan incómodos por alguna referencia a ellos en algún sitio, solicitando su eliminación.

Establecer normas

Establecer normas y pautas razonables, discutiéndolas con ellos. Una buena idea es anotarlas y exponerlas cerca de la computadora para no olvidarlas.

Regular el acceso a internet no solo desde computadoras, tabletas y laptops, sino también desde los teléfonos celulares y otros dispositivos móviles.

Supervisar

La tarea de supervisión de los padres debe necesariamente ir de la mano con la construcción de un vínculo de confianza que permita un diálogo fluido, para que compartan con nosotros sus preocupaciones e inquietudes y, de ese modo, podamos ayudarlos a que superen sus dificultades.

Revisar, sin que lo sepan, los correos electrónicos o los teléfonos celulares es, a largo plazo, fuente de decepción para los niños, niñas y adolescentes que, lejos de sentirse acompaña- dos por los adultos, perciben estas acciones como actitudes de control y vigilancia. Así, se vuelven más reservados aun y se alejan de quienes pueden ayudarlos a resolver sus ocasionales problemas.

Comunicarse responsable y respetuosamente:

Recordarles que, si sienten vergüenza de decir algo a la cara, no lo envíen por correo electrónico, chat o SMS, ni lo publiquen en una página web. Deben recordar que detrás de un nick o perfil hay una persona, y se deben seguir las mismas reglas de educación y respeto que garantizan la convivencia en la vida real.

Actuar responsablemente

Cuando se encuentren con contenidos inapropiados.

Control Videollamadas

El video es parte de las alternativas que generan las nuevas tecnologías y sobre las cuales debemos orientar a los niños, niñas y adolescentes. Las transmisiones de video de los chats o mensajerías pueden ser grabadas, y estos videos pueden ser utilizados de manera perjudicial.

Así, deben tener en cuenta que es preferible no filmar actos de la vida íntima. Y mucho menos deben estos ser compartidos en la web, ni siquiera restringiendo quiénes podrán verlos, ya que esos filtros pueden eventualmente ser violados o nuestra confianza puede verse defraudada.

5

CIBERACOSO

Ciberacoso es acoso o intimidación por medio de las tecnologías digitales. Suele ocurrir en las redes sociales, las plataformas de mensajería, las plataformas de juegos y los teléfonos móviles. Es un comportamiento repetitivo que tiene como objeto amedrantar, atemorizar, enfadar o humillar. Y que se propaga por medio de mentiras, fotografías o videos vergonzantes de alguien en las redes sociales.

Se traduce también por medio del envío de mensajes, imágenes o videos hirientes, abusivos o amenazantes a través de plataformas de mensajería Robo de identidad y enviar mensajes agresivos en nombre de dicha persona o a través de cuentas falsas.

El ciberacoso ocurre con mayor frecuencia de la que se cree, dejando una huella digital indeleble; es decir, un registro que puede servir de prueba para ayudar a detener el abuso.

En la mayoría de países se puede recibir ayuda llamando a la línea de asistencia asignada, de orden nacional. Si tu país no tiene una línea de ayuda, se debe aconsejar a los memores a hablar sin retraerse con un adulto en el que confíes o busca apoyo profesional de cuidadores capacitados y experimentados.

Lamentablemente vivimos en otra época, diferente a la que nos formaron. Se denomina Millennials y generación Z: por qué se los conoce como la "generación deprimida "Estaba en lo cierto, pertenece a la llamada "generación deprimida", una generación que engloba, en realidad, el conjunto de dos de ellas: la millennial (también llamada generación Y) y la generación Z. La primera de ellas hace referencia a las personas que nacieron entre 1981 y 1995 y la segunda a quienes llegaron al mundo entre 1995 y 2010 (ambas fechas son aproximadas pues no hay un consenso claro social para esta clasificación).

Identificación de conductas de acoso

El acoso sigue estando siempre presente en los terrenos escolares y es cada vez más problemático en línea, especialmente en las redes sociales. Los niños pueden tener acceso a la tecnología y registrarse en las redes sociales a edades más tempranas (a veces incluso antes del requisito de edad mínima), pero nuestro estudio reveló que los padres continúan monitoreando el uso de sus hijos. Desde limitar su tiempo hasta tener acceso a sus cuentas, los padres parecen ser conscientes de las amenazas que posee la tecnología e Internet y están trabajando para proteger a sus hijos tanto como pueden.

Existen varios tipos de conductas de acoso que una persona o grupo pueden utilizar para intimidar, degradar o restar poder a los demás. Más información sobre las formas más comunes de acoso.

La mayoría de los amigos se hacen bromas entre ellos, pero hay ocasiones en que es difícil saber si alguien solamente se está divirtiendo o si está tratando de herirte, sobre todo en línea. A veces te dirán, riéndose, que "era solo una broma" o que "no te lo tomes tan en serio".

El niño, o adolescente, muchas veces se herido o piensas que alguien se está riendo de él, sobre todo cuando tiene la autoestima baja; entonces la broma ha ido demasiado lejos. Si continúa después de que le haya pedido a esa persona que no lo haga más y sigue sintiéndote molesto, podría tratarse de acoso. Llámalo como quieras: si te sientes mal y el problema continúa, entonces vale la pena buscar ayuda. Detener el ciberacoso no se trata solamente de denunciar a los hostigadores; también se trata de reconocer que todos merecemos respeto, en línea y en la vida real.

Y cuando el acoso ocurre en línea, hay mucha gente que presta atención, incluso personas desconocidas. Dondequiera que esto ocurra, si te sientes incómodo(a), no tienes por qué soportarlo.

Consecuencias tiene el ciberacoso

Cuando el acoso ocurre, la víctima siente como si la estuvieran atacando en todas partes, hasta en su propia casa. Puede parecerle que no hay escapatoria posible. Las consecuencias pueden durar largo tiempo y afectar a la víctima de muchas maneras:

Mentalmente.

Se siente preocupada, avergonzada, estúpida y hasta asustada o enfadada. sí se continúa   sintiéndose mal y el problema continúa, entonces vale la pena buscar ayuda. Detener el ciberacoso no se trata solamente de denunciar a los hostigadores; también se trata de reconocer que todos merecemos respeto, en línea y en la vida real. De allí la suma importancia del trabajo de los padres en la autoestima. Es necesario que siempre le dé palabras de afirmación a sus hijos. Recuerde que las palabras tienen poder: Con ellas crea o destruye. Y lo que para usted pueda parecer una niñada, para sus hijos, algo trascendental en sus vidas.

Los efectos del ciberacoso sobre la salud mental pueden ser diferentes según el medio que se utilice. Por ejemplo, el acoso a través de mensajes de texto o de imágenes o vídeos en las plataformas de las redes sociales ha demostrado ser muy perjudicial para los adolescentes.

Emocionalmente.

Se siente avergonzado y/o pierde interés en lo que le gusta. Cuando sufre ciberacoso se puede llegar a sentirte avergonzado, nervioso, ansioso y tener dudas sobre lo que la gente dice o piensa de ti. Esto puede llevarte a aislarte de tus amigos y familiares, a tener pensamientos negativos y a sentirte culpable por las cosas que has hecho o dejado de hacer, y a creer que te están juzgando negativamente.

Puede perder la motivación para llevar a cabo las cosas que normalmente te gustan y sentirse aislado de las personas que quieres y en las que confías, lo que podría perpetuar los sentimientos y pensamientos negativos que afectan negativamente a tu salud mental y a tu bienestar.

Físicamente.

También el daño están colateral que puede llegar a sentirse solo habitual sentirse solo y experimente y abrumado, y sufrir dolores de cabeza, náuseas o dolores de estómago frecuentes. Se siente cansado, puede llegar a sufrir insomnio o sufrir dolores de estómago y de cabeza.

Sentirse objeto de burla o de acoso puede impedir que la víctima hable con franqueza o trate de resolver el problema. En casos extremos, el ciberacoso puede llevar a quitarse la vida. El ciberacoso puede afectarnos de muchas formas. Sin embargo, es posible superarlo y recuperar la confianza en nosotros mismos y la salud.

Faltar a la escuela es otro efecto frecuente del ciberacoso que puede afectar a la salud mental de los jóvenes, y llevarlos a utilizar sustancias como el alcohol y las drogas o a desarrollar comportamientos violentos para hacer frente a su dolor psicológico y físico. Hablar con un amigo, un familiar o un consejero escolar de confianza puede ser un primer paso para obtener ayuda.

Estadísticas del Ciberacoso

El ciberacoso está aumentando en todo el mundo. Actualmente existe estadísticas del mismo que hemos recopilado, al igual tendencias y datos sobre el ciberacoso, tanto de Estados Unidos como en el resto del mundo, para contribuir a ilustrar la extensión de este problema creciente.

Datos y estadísticas sobre el ciberacoso correspondientes al periodo comprendido entre 2018 y 2022

1. El 60 % de los padres con hijos entre 14 y 18 años declararon que sus hijos habían sufrido acoso en 2019

Más padres que nunca declaran que sus hijos sufren acoso en la escuela u *online*. Comparitech llevó a cabo un sondeo entre más de 1000 padres con hijos mayores de cinco años.

Esto fue lo que se descubrió:

- el **47,7 %** de los padres con hijos **entre 6 y 10 años** declararon que estos habían sufrido acoso;

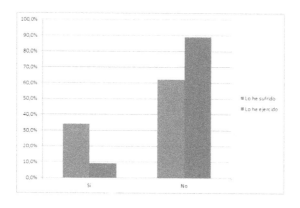

- **el 56,4 %** de los padres con hijos **entre 11 y 13 años** declararon que estos habían sufrido acoso;

- **el 59,9 %** de los padres con hijos **entre 14 y 18 años** declararon que estos habían sufrido acoso; **el 54,3 %** de los padres con hijos **de 19 años** o más declararon que estos habían sufrido acoso.

Aunque la gran mayoría de los padres declaró que el acoso se producía en el colegio, un 19,2 % afirmó que ocurría en redes sociales y aplicaciones. Un 11 % declaró que el acoso se daba a través de mensajes de texto, mientras que el 7,9 % identificó los videojuegos como su origen. Por otro lado, un 6,8 % declaró que el acoso tenía lugar en sitios web no pertenecientes a redes sociales, mientras que un ,3 % afirmó que se daba por correo electrónico.

Existen numerosas maneras en que los padres pueden responder al ciberacoso, pero parece que la más común es hablar con los niños sobre seguridad *online*.

Comparitech descubrió que el 59,4 % de los padres hablaban con sus hijos sobre seguridad y hábitos seguros en Internet tras haberse producido un episodio de ciberacoso.

No obstante, quizá estos deban tomar más medidas para combatirlo, ya que solo el 43,4 % declaró haber empleado controles parentales para bloquear a los agresores, únicamente un 33 % implementó nuevas reglas en cuanto al uso de la tecnología y apenas el 40,6 % conservó pruebas para una posible investigación policial.

Muy pocos padres (solo el 34,9 %) notificaron el ciberacoso al centro educativo, y tan solo un pequeño porcentaje (el 10,4 %) optó por la solución radical de vetar el acceso de los niños a dispositivos tecnológicos como respuesta ante el ciberacoso.

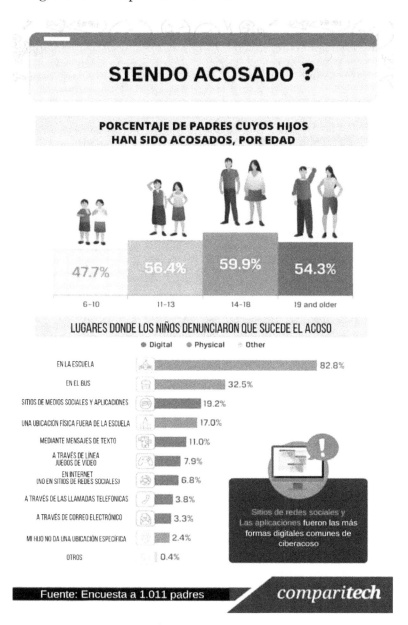

Asimismo, un estudio de 2021 realizado por el Centro de Investigación del Ciberacoso descubrió que el 22,6 % de los estadounidenses entre 12 y 17 años habían sufrido ciberacoso en los 30 días anteriores al sondeo. No obstante, quizá esos datos subestimen de forma significativa la realidad, ya que un estudio de la universidad de Florida Atlantic realizado con 20 000 estudiantes de Primaria y Secundaria que se extendió durante una década reveló que lo anterior ocurría en el 70 % de los casos.

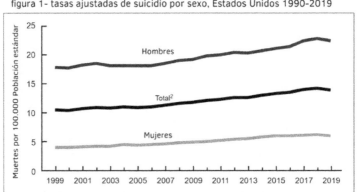

figura 1- tasas ajustadas de suicidio por sexo, Estados Unidos 1990-2019

El ciberacoso puede estar contribuyendo a un aumento de los suicidios entre los jóvenes

En la última década se ha producido un preocupante aumento en el porcentaje de suicidios de adolescentes. El Centro Nacional de Estadísticas sobre la Salud (NCHS) detectó que, en 2019, el suicidio fue la segunda principal causa de muerte entre los residentes de Estados Unidos de entre 10 y 34 años.

Aunque el informe del NCHS, publicado en febrero de 2021, no indique una razón concreta para ese incremento de los suicidios, el ciberacoso puede formar parte de la ecuación.

Un estudio de 2022 realizado por el Lifespan Brain Institute llegó a la conclusión de que existe una correlación entre ser víctima de ciberacoso y un aumento de los pensamientos suicidas; algo que no ocurre con quien perpetra el ciberacoso.

Ciberacoso en las REDES

TikTok

TikTok es una comunidad virtual, de orden mundial, que se nutre de la creatividad y la expresión, por lo que es fundamental que las personas se sientan seguras para poder expresarse sin temor a la intimidación o el acoso.

Todo el mundo tiene derecho a sentirse seguro y a ser tratado con respeto y dignidad. La intimidación y el acoso son incompatibles con el espacio inclusivo que se trata de fomentar en TikTok.

TikTok utiliza a miles de profesionales de la seguridad para ayudar a mantener protegida del acoso. También posee herramientas sencillas para los miembros de esta comunidad de denuncia de la aplicación para informar sobre si ellos o alguien que conocen ha sufrido acoso. Se puede denunciar vídeos, comentarios, cuentas y mensajes directos para que poder tomar las medidas oportunas y ayudar a mantener tu seguridad. Las denuncias son siempre confidenciales.

En su guía de Prevención del acoso para adolescentes, cuidadores y educadores, se puede encontrar más información sobre cómo identificar y prevenir el acoso, y ofrecer apoyo a quien lo necesite.

Si crees que otro miembro de la comunidad de TikTok está siendo intimidado o acosado, hay diversas formas de prestarle apoyo. Por ejemplo, puedes hacer una denuncia confidencial en TikTok para que tomemos las medidas adecuadas y ayudemos a mantener a tu amigo a salvo.

Si conoces a la persona, considera la posibilidad de comunicarte con ella y anímala a leer nuestra guía de prevención del acoso para obtener más información sobre cómo decidir cuándo un comportamiento presenta características de acoso y tomar medidas al respecto.

Nuestra prioridad es fomentar un espacio seguro y acogedor en el que las personas se sientan libres de expresarse con autenticidad. Nuestras Normas de la Comunidad dejan claro que no toleramos que se avergüence, intimide o acose a los miembros de nuestra comunidad.

Nuestras Normas de la Comunidad definen un conjunto de normas y un código de conducta común para TikTok y orientan sobre lo que está y no está permitido a fin de lograr un espacio acogedor para todos. Dejamos claro que no toleramos que se avergüence, intimide o acose a los miembros de nuestra comunidad. Actuaremos contra este tipo de contenidos o cuentas, incluyendo, llegado el caso, su eliminación.

Además del trabajo que realizan nuestros equipos de seguridad para ayudar a mantener el acoso y la intimidación fuera de nuestra plataforma, ofrecemos una amplia gama de herramientas para ayudarte a controlar tu experiencia en TikTok. Puedes encontrarlas en su totalidad en nuestro Centro de Seguridad. Aquí hay algunos puntos destacados:

Puedes elegir quién puede comentar tus vídeos: nadie, solo amigos o todos (para los menores de 16 años, la opción de 'todos' no está disponible).

Un aviso de comentario pide a los usuarios que se abstengan de publicar un comentario que pueda resultar inapropiado o malintencionado; también les recuerda nuestras Normas de la Comunidad y les permite editar sus comentarios antes de compartirlos.

Snapchat

El ciberacoso abre las puertas a la intimidación las 24 horas del día y puede llegar a causar mucho daño. Por ello, desde el portal "Here For You" de nuestra aplicación, queremos ofrecer apoyo a la salud mental y al bienestar. En este portal de Snapchat ofrecemos recursos sobre salud mental, duelo, acoso, intimidación, ansiedad, trastornos de la alimentación, depresión, estrés o pensamientos suicidas. La herramienta ha sido desarrollada en colaboración con destacadas organizaciones internacionales del ámbito de la salud mental y la defensa de los derechos para ayudar a los usuarios de Snapchat a lidiar con algunos problemas bien reales.

En Snapchat, no hay nada más importante que la seguridad y el bienestar de nuestra comunidad. Ponte en contacto con nosotros y cuéntanos cómo podemos ayudarte.

El acoso es algo que nadie debería sufrir, ni en persona ni en línea. Si estás siendo víctima de acoso en Internet, nuestro principal consejo es que se lo cuentes a alguien: un amigo o amiga, tus progenitores, tu cuidador o cuidadora o un adulto en quien confíes; en definitiva, alguien con quien te sientas seguro y que sabrá escucharte.

Queremos que los adolescentes y los adultos jóvenes conozcan las funciones de bloqueo y eliminación de Snapchat. Al hacer clic en la foto de perfil de una persona, aparecerá un menú de tres puntos en la esquina superior derecha. Al abrir este menú, aparecerá la opción de "Administrar amistad", lo que a su vez ofrecerá la posibilidad de "Denunciar", "Bloquear" o "Eliminar" a la persona en cuestión como amistad. Si bloqueas a alguien, esa persona será informada de que todos los snaps (fotos y vídeos) y chats (mensajes directos) que te envía llegarán a destino una vez restablecida la relación.

También es una buena idea comprobar la configuración de privacidad para asegurarnos de que se mantiene la configuración predeterminada "Solo amigos". De esta forma, solo las personas que hayas añadido como amigos podrán enviarte snaps y chats.

También te recomendamos que revises tu lista de amigos de vez en cuando para asegurarte de que incluye a las personas a las que quieres mantener en Snapchat.

En Snapchat, las denuncias de ciberacoso son analizadas por los equipos específicos de Confianza y Seguridad de la plataforma, que operan en todo el mundo las 24 horas del día. Las personas implicadas en casos de ciberacoso recibirán una advertencia y sus cuentas podrán ser suspendidas o eliminadas por completo.

Te recomendamos que salgas de los grupos de chat en los que se produzcan casos de acoso u otros comportamientos no deseados y que nos informes de esos comportamientos o de la cuenta implicada.

Facebook e Instagram

En Facebook o Instagram no hay lugar para ningún tipo de acoso o intimidación. Crear una cuenta, publicar fotos o hacer comentarios con la intención de acosar o intimidar a otras personas son conductas contrarias a nuestras políticas.

Si estás siendo víctima de acoso en Internet, te animamos a que se lo cuentes a tus progenitores, a un profesor o a alguna otra persona en quien confíes. Tienes derecho a recibir ayuda y protección.

En Facebook y en Instagram también facilitamos que se denuncien directamente los casos de acoso. Puedes enviar a nuestro equipo tu denuncia a través de una publicación, un comentario, una historia o un mensaje directo. Tu denuncia es anónima; es decir, el usuario de la cuenta denunciada no sabrá quién lo ha denunciado. Tenemos un equipo que trabaja en todo el mundo, las 24 horas del día y los 7 días de la semana, analizando denuncias de contenidos en más de 70 idiomas para eliminar todo aquello que vulnere nuestras reglas de uso.

El centro para familias de Meta proporciona recursos, ideas y asesoramiento experto para ayudar a los padres y madres, tutores o adultos de confianza a proteger la experiencia en línea de sus hijos adolescentes gracias a nuestras tecnologías. En Facebook disponemos de recursos que pueden ayudarte a hacer frente a casos de acoso o ser útiles para saber qué hacer cuando alguien está sufriendo acoso. En la web de Instagram tienes más información sobre nuestras herramientas de seguridad y contra el acoso.

Sabemos que es difícil denunciar un caso de acoso, pero todo el mundo merece sentirse protegido en línea. Si tienes un amigo que está sufriendo ciberacoso, anímale a que se lo cuente a sus progenitores, a sus profesores o a un adulto en quien confíe.

Denunciar contenidos o cuentas de Facebook o Instagram es anónimo y puede servirnos para mejorar la seguridad de nuestras plataformas. Por su naturaleza, el acoso y la intimidación son temas muy personales, así que en muchos casos es necesario que alguien nos informe de estos comportamientos para poder detectarlos y eliminarlos. Puedes denunciar algo que te haya sucedido a ti, pero es igual de fácil hacerlo si le ocurre a alguna de tus amistades. En el servicio de ayuda de Instagram y en el servicio de ayuda de Facebook puedes encontrar más información sobre cómo denunciar un incidente.

Siempre puedes bloquear o silenciar la cuenta de alguien que te esté acosando sin que esa persona reciba una notificación. Si te incomoda tomar estas decisiones, la función "Restringir" es una forma más discreta de proteger tu cuenta de interacciones no deseadas. Una vez activada la función "Restringir", los comentarios que haga una persona a la que restringiste en tus publicaciones solo estarán visibles para esa persona. Podrás elegir entre ver el comentario pulsando en "Ver comentario", aprobar el comentario para que lo vea todo el mundo, eliminarlo o ignorarlo. No recibirás notificaciones de comentarios de cuentas restringidas.

Twitter:

Sufrir intimidación en línea no es fácil de manejar. Si te están acosando en Internet, lo más importante es asegurarte de que estás a salvo. Es esencial tener a alguien con quien hablar sobre lo que estás viviendo. Puede ser un(a) maestro(a), otro adulto de confianza o tu padre o tu madre. Habla con ellos y con tus amigos sobre lo que se debe hacer en caso de que tú o alguien más esté siendo víctima de ciberacoso.

Hablar con los padres es difícil para algunos jóvenes. Pero hay maneras de facilitar la conversación, como por ejemplo eligiendo un momento en que sepas que te van a prestar toda su atención y explicándoles lo grave que es para ti ese problema. Recuerda que es posible que ellos no estén familiarizados con la tecnología, por lo que tendrás que ayudarles a comprender lo que está sucediendo.

Es posible que no te puedan ofrecer soluciones de inmediato, pero con seguridad querrán ayudarte y juntos podrán encontrar una solución. ¡Dos cerebros siempre funcionan mejor que uno! Si sigues dudando de lo que conviene hacer, podrías hablar con otras personas de confianza. ¡Hay más gente de lo que crees que se preocupa por ti y que está dispuesta a ayudarte!

Si tu amigo(a) aún no desea denunciar el incidente, entonces apóyalo(a) tratando de encontrar a un adulto de confianza que pueda ayudarle a afrontar la situación. Recuerda que hay situaciones en las que el ciberacoso puede tener consecuencias mortales.

No hacer nada puede llevar a la persona a pensar que todos están contra ella o que a nadie le importa. Tus palabras pueden marcar la diferencia.

Cualquiera puede convertirse en víctima de ciberacoso.

Si tus amigos sufren ciberacoso, aconséjales que hablen con sus padres, con un profesor o con un adulto en el que confíen.

Si un amigo tuyo no quiere denunciar su experiencia, puedes presentar una denuncia como testigo en su nombre. Esto puede incluir la publicación de información privada, desnudez no consensuada o suplantación de identidad.

Si el acoso ocurre en una plataforma social, piensa en la posibilidad de bloquear al acosador e informar sobre su comportamiento en la propia plataforma. Las empresas de redes sociales tienen la obligación de velar por la seguridad de sus usuarios.

Es conveniente reunir pruebas —mensajes de texto y capturas de pantalla de las publicaciones en las redes sociales— para mostrar lo que está ocurriendo.

Para que el acoso se detenga, no solo hay que detectarlo. Es fundamental denunciarlo. También puede ser importante mostrar al acosador que su comportamiento es inaceptable.

Si te encuentras en peligro inminente, debes comunicarte con la Policía o con los servicios de emergencia en tu país.

Para que el acoso se detenga, no solo hay que detectarlo, es fundamental denunciarlo.

Impidiendo el ciberacoso sin dejar de acceder a Internet

Si estás sufriendo a causa del ciberacoso, podrías eliminar algunas aplicaciones o permanecer fuera de línea mientras te das un tiempo para recuperarte. Sin embargo, salir de Internet no es una solución a largo plazo. Si no hiciste nada malo, ¿por qué deberías quedar en desventaja? Esto podría incluso dar a los hostigadores una señal equivocada, alentándolos a seguir comportándose de manera inaceptable.

Todos deseamos que deje de haber ciberacoso y esta es una de las razones por las que es tan importante denunciarlo. Para lograr que

Internet sea como queremos no podemos limitarnos a denunciar el acoso. Debemos ser cuidadosos y no compartir o decir cosas que puedan herir a otras personas. Tenemos que ser amables unos con otros en línea y en la vida real. Todos, sin excepción.

Debemos ser cuidadosos y no compartir o decir cosas que puedan herir a otras personas.

Aprende sobre los ajustes de privacidad de tus aplicaciones favoritas para las redes sociales. Algunas de las acciones que puedes realizar son las siguientes:

Puedes decidir quién puede ver tu perfil, enviarte mensajes directos o comentar tus publicaciones ajustando la configuración de privacidad de tu cuenta.

Puedes informar sobre comentarios, mensajes, fotografías y videos hirientes y pedir que los eliminen.

Existe algún castigo para el ciberacoso

La mayoría de las escuelas consideran el acoso como un problema grave y toman medidas para combatirlo. Si hay estudiantes que te están acosando o intimidando, informa a tu escuela.

Las víctimas de cualquier forma de violencia, entre ellas la intimidación y el ciberacoso, tienen derecho a que se haga justicia y a que los culpables respondan por sus actos.

Las leyes contra el acoso, sobre todo el ciberacoso, son relativamente nuevas y todavía no existen en todas partes. Por este motivo, muchos países se basan en leyes relacionadas con el acoso, como las que se refieren al hostigamiento, para castigar a los culpables.

En los países que tienen leyes específicas sobre el ciberacoso, el comportamiento en línea que intencionalmente causa trastornos emocionales graves se considera una actividad delictiva. En algunos de esos países, las víctimas de ciberacoso pueden buscar protección, prohibir las comunicaciones de una persona en particular y restringir, temporal o permanentemente, el uso de los dispositivos electrónicos que esa persona utiliza para el ciberacoso.

Sin embargo, es importante recordar que el castigo no siempre es la manera más efectiva de cambiar el comportamiento de los hostigadores. A veces será mejor centrarse en reparar el daño y arreglar la relación.

Responsabilidad de las empresas de tecnología frente el acoso y la intimidación en línea.

Las empresas de tecnología están prestando cada vez más atención al problema del acoso en línea.

Muchas de ellas están adoptando mecanismos para confrontar este asunto y proteger mejor a sus usuarios con nuevas herramientas, directrices y formas de denunciar el abuso en línea.

Pero la verdad es que se debe hacer más. Muchos jóvenes sufren todos los días a causa del ciberacoso y algunos son víctimas de formas extremas de abuso en línea. Incluso algunos se han quitado la vida.

Las empresas tecnológicas tienen la responsabilidad de proteger a sus usuarios, especialmente a los niños y los jóvenes.

De todos nosotros depende que estas empresas rindan cuentas cuando no estén a la altura de sus responsabilidades.

Herramientas contra el Ciberacoso

Cada plataforma social ofrece diferentes herramientas (ver más adelante las que están disponibles) que te permiten informar sobre casos de acoso y elegir quiénes pueden comentar o ver tus publicaciones, y quiénes se pueden conectar automáticamente como amigos. Muchas de esas herramientas incluyen pasos sencillos para bloquear, silenciar o denunciar el ciberacoso. Te animamos a explorarlas.

Las empresas de redes sociales también ofrecen herramientas educativas y orientación para que los niños, los padres y los maestros conozcan los riesgos y las maneras de permanecer seguros en línea.

Además, tú puedes ser la primera línea de defensa contra el ciberacoso. Piensa en qué lugares de tu comunidad ocurre y en cómo podrías ayudar; por ejemplo, diciendo lo que piensas, descubriendo a los hostigadores, comunicándote con adultos de confianza y haciendo que la gente tome conciencia sobre el problema. Incluso un solo acto de bondad puede ser una gran ayuda.

Si te preocupa tu seguridad o algo que te sucedió en línea, habla sin demora con un adulto en el que confíes. Muchos países tienen una línea de ayuda especial a la que se puede llamar gratuitamente para hablar con alguien de manera anónima. Visita United for Global Mental Health para encontrar ayuda en tu país.

Tú puedes ser la primera línea de defensa contra el ciberacoso.

Facebook/Instagram:

Disponemos de diversas herramientas contra el acoso en Facebook y en Instagram:

Puedes bloquear a cualquier usuario de una cuenta que ya existe o de una nueva cuenta que pueda crear.

Puedes silenciar una cuenta sin que su usuario reciba una notificación de que lo hiciste.

Puedes utilizar la función "Restringir" para proteger discretamente tu cuenta sin que la persona en cuestión lo sepa.

Puedes filtrar los comentarios en tus propias publicaciones.

Puedes modificar tu configuración para que solo te puedan enviar mensajes directos las personas a las que tú sigues.

Enviaremos un aviso a alguien que está a punto de publicar algo que podría sobrepasar los límites, invitándole a replanteárselo.

De forma automática ocultamos comentarios o solicitudes de mensajes que no son contrarios a nuestras directrices comunitarias, pero que podrían considerarse inadecuados u ofensivos. También puedes crear tu propia lista personalizada de emojis, palabras o frases que no quieres ver.

Para obtener más consejos e ideas, consulta la página de Instagram dedicada a la seguridad y el centro de prevención del bullying de Facebook. Accede también a los recursos, ideas y consejos de expertos para padres y madres o tutores en nuestro centro para familias.

6

EXPLOTACIÓN SEXUAL

SEXTING

El 50% lo han practicado con su pareja, y el 30% con un amigo o amiga

- El 4% dijo que fue por presión de su pareja
- El 4% práctico sexting con un adulto desconocido/a, y el 13% con un/a joven desconocido/a.
- Casi de cada 10 declaran haber recibido una vez o más de una vez fotos explicitas que no pidieron. En la mayoria de los casos son las mujeres quienes las reciben.

Contenido sexualmente explícito a través de redes sociales o chats de forma voluntaria. Es enviar fotos o videos de uno/a mismo/a con carácter sexual a otra persona mediante un dispositivo como teléfono o Tablet. Aunque hacerlo es una decisión muy personal, es importante saber que es una práctica riesgosa. La expresión sexting es comúnmente usada para definir el intercambio de mensajes con contenidos de carácter sexual, ya sean de texto o imágenes, a través de herramientas tecnológicas.

Explotación Sexual En Línea De Adolescentes

Fuente: Elaboración Unesco con datos de:

- Dance, G. y Keller, M. (10 de febrero de 2020). Aumentan los videos de abuso sexual infantil en línea. The New York Times. https://www.nytimes.com/es/2020/02/10/espanol/negocios/abuso-sexual-infantil-videos.html

- The Internet Watch Foundation, (2019), p.46. The Internet Watch Foundation (IWF) es una organización privada autorreguladora, con sede en Reino Unido, que tiene una línea directa de Internet para denunciar y eliminar contenido en línea delictivo, en especial, contenido de abuso sexual de niñas, niños y adolescentes en línea.

- The Internet Watch Foundation, (2019), pp. 46-47.

El Centro Nacional de Niños Desaparecidos y Explotados [NCMEC], s.f.

https://www.missingkids.org/theissues/sextortion

Contenido íntimo

Con la adolescencia, con el «despertar sexual» es habitual querer atraer a los demás. El *sexting* es una manera más de flirtear para los adolescentes, haciendo uso de los medios con los que cuentan hoy en día. No todos los adolescentes practican *sexting*, ni tampoco existe un perfil concreto de persona que lo realice. Cualquier adolescente puede plantearse enviar imágenes, vídeos o mensajes con connotación sexual a su pareja o a otra persona, como una forma de expresión íntima y consensuada, y tomar las debidas precauciones, por lo que este tipo de conductas no se deben generalizar, ni juzgar a la ligera.

Compartir este tipo de imágenes o vídeos fuera de la pareja (sobre todo sin consentimiento) resulta extremadamente sensible y puede tener diferentes repercusiones, incluso legales por haber difundido o almacenado este tipo de contenido cuando aparecen menores de edad.

Esta práctica se da generalmente por medio de redes sociales o servicios de mensajería instantánea con una característica: estas imágenes, textos o videos son producidos por la misma persona que las envía. Para algunas personas es simplemente una actividad divertida, pero otras lo hacen al sentirse presionadas, y aun cuando puede parecer una práctica inocente y menos riesgosa que las que se realizan de forma presencial al no implicar ningún tipo de contagio o riesgo de embarazo, se comparten imágenes privadas con las que se queda expuesto a una amenaza a la intimidad.

Adicionalmente está práctica, trae como consecuencia un daño emocional o psicológico e incluso la víctima puede llegar a sufrir extorsión, chantaje, *grooming*, acoso sexual o ciberacoso escolar, pues a menudo la difusión se produce entre compañeros del propio centro educativo. Y en los casos más extremos, llevar al suicidio.

Con el paso de los años se ha hecho más sencillo practicar el sexting. Esto se debe a la facilidad de tomarse una foto con el celular y compartirla de manera inmediata con algún contacto. Es así como esta práctica ha llegado incluso a los niños y adolescentes, quienes son usuarios asiduos de internet. Según un estudio realizado con menores de edad por Livingstone y Görzig (2014) los adolescentes tienen una probabilidad mayor de recibir y enviar mensajes con contenido sexual. Esta información concuerda con un estudio realizado en Colombia con el acompañamiento de la Universidad EAFIT, en el que se encontró que mientras el 13 % de los niños encuestados entre 11 y 12 años ha recibido mensajes con contenido sexual a través internet, cuando nos referimos a adolescentes entre 15 y 16 años, la cifra aumenta al 35 %.

Sin embargo, cuando cambiamos la situación, encontramos que solo el 2 % de niños de 11 a 12 años ha enviado o publicado un mensaje con contenido sexual a través de internet en el último año y entre los adolescentes encuestados de 15 a 16 años, un 6 % admite haberlo hecho.

Otros Riesgo que conlleva el Sexting

Existen otros riesgos que se corren con la práctica del sexting, que van más allá de la pérdida de la privacidad, como en el caso del grooming (Las acciones con fines sexuales de las que son víctimas niñas, niños y adolescentes en el entorno digital. Pr medio de perfiles falsos), el ciberbullying o acoso virtual (es un acto agresivo e intencionado, llevado a cabo de manera repetida a través del contacto electrónico por parte de un grupo o de un individuo contra una víctima que no puede defenderse fácilmente) o la sextorsión (Es delincuencial de develar imágenes, videos muy personales.

El grooming se encuentra referido a "el conjunto de estrategias desplegadas por un adulto para ganar la confianza de un menor de edad en internet con el fin último de obtener concesiones sexuales".

Por su parte el ciberbullying hace referencia a una conducta de hostigamiento repetitivo de una persona hacia otra, generalmente a través de sus redes sociales, por medio de burlas, insultos, amenazas o chantajes.

En el caso de la sextorsión, esta práctica consiste en extorsionar a una persona con mensajes, imágenes o videos con contenido sexual que ella misma generó, amenazándola con publicar el material si no lleva a cabo una acción específica.

De las tres conductas expuestas anteriormente, la que ocurre con mayor frecuencia entre adolescentes es el ciberbullying, y puede ser mayor si la víctima es reconocible fácilmente en la imagen. Este se manifiesta cuando la imagen, que fue enviada de manera voluntaria inicialmente, es compartida a terceros por medios privados o públicos sin autorización de la víctima, quien comienza a sufrir insultos, burlas y degradaciones de manera pública, lo que "puede suponer un estresor vital de tal magnitud que se ha relacionado con conductas de intento de suicidio y suicidio consumado".

Explotación sexual

La explotación sexual ocurre cuando por el sexting, un grupo de personas o una persona involucra a niñas, niños o adolescentes en actos sexuales para satisfacción propia o de otras personas a cambio de cualquier tipo de beneficio, dinero, especias, protección, regalos. Es desafortunadamente, una flagrante violación de Derechos Humanos y por ende de los derechos de los menores.

Los niños, niñas y adolescentes explotados sexualmente por este medio son víctimas, personas cosificadas, reducidas a objetos de consumo, a mercancías puestas en venta a instancias de su situación de vulnerabilidad.

Utilización de imágenes de niños en pornografías: toda representación, por cualquier medio, de un niño, niña o adolescente dedicado a actividades sexuales explícitas, reales o simuladas, o toda representación de sus partes genitales con fines primordialmente sexuales. Esto puede incluir fotografías, videos, revistas, dibujos, películas, archivos informáticos, grabaciones de audio, negativos fotográficos, diapositivas.

Las nuevas tecnologías informáticas han facilitado y abaratado la producción videos, así como la distribución, ya que Internet comprende un espacio libre de fronteras con escasa regulación legal a nivel nacional y de articulación entre los Estados.

Es tan aberrante está practica que puede constituirse en una trata de niñas, niños y adolescentes con fines de explotación sexual comercial: comprende la captación, el transporte, el traslado, la acogida o la recepción de niñas, niños y/o adolescentes para su explotación sexual. Esta puede darse de un país a otro, o sea con traspaso de fronteras nacionales como trata internacional, o de una región a otra de un mismo país (trata interna).

Tanto la explotación sexual comercial como el abuso sexual infantil son expresiones de violencia sexual hacia niñas, niños o adolescentes, ambas buscan someter y dominar vulnerando derechos fundamentales de las personas. La explotación sexual comercial siempre implica un intercambio, tanto en dinero, especias, protección o cualquier otra cosa, el abuso sexual no.

El abuso sexual es cualquier forma de sometimiento sexual que por lo general se da dentro de relaciones afectivas, tanto en el ámbito familiar como en el contexto de vínculos cercanos, aunque no exista convivencia, otros familiares, vecinos, amigos de la familia, docentes, personas que por su lugar social y afectivo con niñas, niños o adolescentes se encuentran en posición de mayor poder en relación a ellos.En que se induce al menor por medio de imágenes que atrapan, y llevan a su mente limpia, a las más profundas perversidades.

Conocimientos sobre violencia en Línea, con enfoque en explotación sexual adolescentes

Cuando se analizaron las respuestas a esta pregunta por sexo hubo diferencias moderadas

El grupo de 12-14 años presentó un mayor nivel de desconocimiento (30%) de los términos relacionados con violencia en línea que los adolescentes de 15 a 17 años (14%).

¿Tienes Alguna Idea O Has Escuchado Alguno De Los

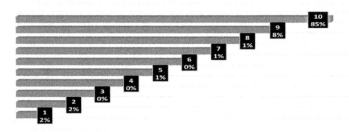

Siguientes Términos?

Suponiendo que una foto tuya, con contenido sexual recorra las redes sociales, ¿qué tan grave sería eso para ti?

Los chicos consideraron algo o nada grave la posibilidad de que una foto suya con contenido sexual recorra las redes sociales, con una diferencia de 17 puntos porcentuales por encima que las chicas. El 21% de adolescentes de 15 a 17 años consideró que sería algo o nada grave

y el 79% dijo que sería muy grave; el 9% de adolescentes de 12 a 14 años respondió que sería algo o nada grave y el 91% que sería muy grave.

Fuente: Datos UNESCO, encuesta aplicada.

¿Crees que las personas que envían una foto suya con contenido sexual a otras personas se arriesgan a que esto sea público?

Fuente: Datos UNESCO, encuesta aplicada.

Tabla 1 ¿Crees que las personas que envían una foto suya con contenido sexual a otras personas se arriesgan a que esto sea público?, según sexo

RESPUESTAS	NUJERES	HOMBRES
SÍ	87%	70%
NO	0%	9%

El 18% de las personas adolescentes consideró que las personas que envían una foto suya con contenido sexual a otras personas no se arriesgan a que sea público, de los cuales el 16% precisó que dependería de a quién se envía la foto y el 2% no lo consideró riesgoso.

Que deben hacer los Padres para prevenir los riesgos del sexting

Los menores suelen ser poco reflexivos y les cuesta pensar en términos de futuro. Sin embargo, resulta fundamental plantear la prevención desde la información previa, con argumentos críticos y razonables, como la facilidad de perder el control sobre la imagen o la grabación, la posibilidad de extraviar el móvil, que lo roben o incluso la duración de la relación con la persona a la que se le ha enviado la imagen. IS4K cuenta con múltiples recursos e información para trabajar desde el aula y desde el hogar la prevención y reacción sobre esta práctica de riesgo.

1.Concienciar a los menores de la peligrosidad de esta práctica

Tanto como protagonistas de los contenidos (para valorar si quieren tomar parte), como receptores (para que respeten la confianza otorgada, la privacidad e intimidad de la otra persona).

2.Generar confianza.

Para que el menor sea capaz de pedir ayuda y consejo cuando lo necesite, es importante mantener la comunicación familiar acerca de estas problemáticas. Esto ayudará a una resolución rápida del conflicto y evitar que lleguen producirse.

3. Recordar que el menor es vulnerable.

Debemos recordar que el menor está en etapa de desarrollo y crecimiento tanto físico, como mental, para utilizar de forma consciente y autónoma su dispositivo; sin ponerse en riesgo, ni caer en prácticas peligrosas.

4. Dispositivos cubiertos.

Configurar la seguridad informática en los dispositivos y aplicaciones para evitar perder el control de la información que guardan, con control parental, un buen antivirus y antimalware, haciendo un uso correcto de contraseñas de acceso y evitando almacenar la menor cantidad posible de contenidos de riesgo.

5. Configurar otras funciones de protección informática.

Emplear sistemas de bloqueo que ofrecen los dispositivos para que nadie que no sea el usuario pueda acceder a él, activar siempre que sea posible el doble factor de autenticación en los diferentes servicios y revisar las opciones de privacidad de cada aplicación o servicio que usen, personalizando las funciones que les sean de utilidad, son puntos para tener en cuenta.

Adicionalmente un sistema, que use para utilizar las opciones que el propio dispositivo pueda ofrecernos, como por ejemplo bloquear el móvil o el explorador de archivos o activar la función de búsqueda y bloqueo de dispositivo frente a pérdidas o robos.

6.Denuncie

Si el menor alerta de manera temprana que está siendo objeto de acoso sexual, Si es objeto de exposición de su imagen íntima, si alguien le está amenazando con hacerlo público.

7

CONTENIDO RESTRICTIVO

EN INTERNET

Los niños son curiosos por naturaleza. Eso no tiene por qué ser necesariamente algo negativo, pero también puede conllevar algunos riesgos, sobre todo a la hora de consumir contenidos en la red. La mayor parte de estas exposiciones son accidentales, especialmente en el caso de los niños pequeños. No obstante, a medida que crecen, es más probable que la curiosidad les impulse a buscar intencionadamente información y otro tipo de contenidos sobre temas que preferirías que no buscaran. Saber cómo apoyar a nuestros hijos y abordar estos temas es una parte fundamental de nuestra labor como padres en el mundo digital.

Casi todos los jóvenes estarán expuestos a algún tipo de contenido inadecuado para su nivel de desarrollo en Internet en algún momento de su infancia o de su adolescencia.

Efectos del contenido inadecuado

Tanto los niños y los adolescentes que consumen contenidos inadecuados para su nivel de desarrollo pueden mostrar los siguientes

síntomas:

estrés

ansiedad

agresividad

ira

vergüenza

otro tipo de pensamientos, sentimientos y comportamientos negativos

El tema más preocupante para los padres en este sentido, debería ser la posibilidad de que la pornografía promueva actividades sexuales poco saludables o peligrosas. Sin embargo, cualquier tipo de contenido que no sea adecuado para su edad puede generar miedo y ansiedad en los jóvenes, tanto si es de naturaleza sexual como si no. Adicionalmente puede influenciar negativamente en el desarrollo mental por que causa un daño en la formación del carácter, en ocasiones irreparables. Contrario a lo que dicen otros estudiosos, que es necesario para el desarrollo sexual.

Save The Children establece en los 8 años la edad media en la que los niños empiezan a ver pornografía *online*. Ese primer contacto se hace por curiosidad, casualidad o presión de sus iguales en las escuelas. Sea como sea, lo que experimentan casi siempre es una mezcla de confusión que los puede dejar conmocionados al principio, pero también lo bastante intrigados como para seguir viendo estos contenidos.

Trabajos de investigación como los realizados en la Universidad de

New Hampshire destacan que buena parte de los niños sufren una exposición no deseada a las imágenes pornográficas mientras usan internet. Ese primer encuentro meramente casual (y a falta de un *software* de filtrado y bloqueo parental) puede incentivar la posterior curiosidad.

Esto puede incluir contenido o historias de carácter dramático que excedan su grado de madurez, cualquier tipo de violencia, el uso de sustancias, comportamientos autolesivos o cualquier tipo de información que sean demasiado jóvenes para entender. A mi consulta acuden con frecuencia niños que ocultan lo que ven en Internet porque tienen miedo o les da vergüenza hablar con los adultos de su entorno sobre ello, y muchas veces ese secretismo les genera una gran confusión y ansiedad que termina afectando a sus relaciones y a su comportamiento diarios.

1. Aprendizaje por imitación: cuando la pornografía sustituye a la educación sexual

La teoría del modelaje y el aprendizaje social nos recuerda que los niños aprenden por imitación. Sus neuronas espejo son mucho más sensibles a edades tempranas, y todo lo que observan tiene impacto en ellos. Esto resulta altamente problemático cuando hablamos de pornografía *online*.

Los contenidos sexuales en línea sustituyen por completo a la educación que puedan recibir de sus padres o en las escuelas. La imagen siempre tiene mayor poder y a ello se le añade otro aspecto. Los niños que ven pornografía dan por sentado que lo que ven es real y que esas conductas violentas son las que habituales (y esperables) en una relación sexual.

2. Conductas sexuales tempranas y problemáticas

La pornografía a edades tempranas despierta la curiosidad sexual y la autoexploración. Esto provoca que se inicien antes de tiempo en una etapa que no les pertenece aún por edad y desarrollo socioemocional. Pierden la infancia y pueden evidenciar una hipersexualidad muy contraproducente para su salud mental.

Un niño de 8 años no debería empezar fantasear de manera constante con el sexo. Ese despertar temprano a la sexualidad condicionará poco a poco sus relaciones y conducta.

3. Promueve la conducta violenta hacia las mujeres

Los niños que ven pornografía interiorizan una visión sesgada sobre el sexo. No podemos dejar de lado que buena parte de estos contenidos es sexista, degradante y hostil hacia la mujer, quien se convierte en poco más que un mero objeto de satisfacción sexual.

El porno online desvirtúa los estereotipos de género e incrementa los patrones de desigualdad en las relaciones. Es más, las propias niñas y adolescentes llegan a asumir que aquello que ven en estos medios es lo que se espera de ellas. Lo que las expone a experiencias tempranas con el sexo que pueden ser muy traumáticas.

Por ejemplo, es común que este tipo de contenidos normalicen los insultos, los golpes o la asfixia hacia la mujer para ejercer sobre ellas una clara dominación.

Los adolescentes que consumen pornografía se sienten atraídos cada vez a acciones más violentas. Por lo tanto, tienen mayor probabilidad de iniciarse en el sexo perpetuando esas mismas prácticas sexistas y violentas contra la mujer.

4. Prácticas sexuales inseguras e insatisfactorias en la adultez

Pensemos que la industria de la pornografía perpetúa un tipo de sexualidad violenta y falta de intimidad o de conexión emocional. Asimismo, se llevan a cabo prácticas sexuales de alto riesgo. La exposición temprana a estas imágenes termina normalizando desde la cultura de la violación hasta el sexo sin preservativos.

PUBLICIDAD

Por otro lado, es muy frecuente que los niños que ven pornografía lleguen a la edad adulta sin disfrutar de una vida sexual plena y satisfactoria. **Muchos experimentan desde ansiedad a miedo** y temen no estar a la "altura" de lo que ven esas páginas.

5. Produce Adicción

La adicción a estos contenidos es un riesgo a todos los niveles, afectando a su funcionamiento social y a su salud psicológica. Los niños que ven pornografía, al igual que los adolescentes, pueden desarrollar comportamientos sexuales compulsivos. Y tengámoslo en cuenta, pocas cosas son más tristes que perder la infancia, que quemar etapas y perder la oportunidad de tener una visión más saludable sobre el sexo y la sexualidad.

Es imperativo que tomemos conciencia de este hecho. **Estamos dejando la educación de nuestros niños a manos de internet.** En el trajinar diario, los Padres prefieren tener a sus hijos en casa, mientras trabajan. Por ello les permiten la mayoría de ocasiones que tengan acceso al internet sin control. Lo más grave es que sus hijos estando en casa, pueden estar relacionándose con el mundo exterior por este medio. "Hecha la ley, hecha la trampa".

Para consumir contenido en Internet. Aunque algunos de los vídeos que contiene son seguros para nuestros hijos, adecuados para su nivel de desarrollo y una buena forma de entretenimiento, la realidad es que cada vez hay más vídeos que no cumplen ninguno de estos requisitos.

Es posible que alguna vez te hayas sentado con tu hijo a ver sus dibujos favoritos en la tableta, solo para descubrir más tarde que también había visto varios vídeos inadecuados sin que tú lo supieras de plataformas, que pueden provocar que los niños estén expuestos a contenidos a los que ni ellos ni sus progenitores querían acceder.

Podemos encontrar canales enteros dedicados a contenidos que en el mejor de los casos son desagradables para los niños y, en el peor, perjudiciales camuflados bajo títulos que parecen relativamente inocentes. Por eso, es fundamental que supervisemos los vídeos que ven nuestros hijos y utilicemos la configuración y otro tipo de controles parentales para limitar su exposición al contenido inapropiado.

Cuando tu hijo ha estado expuesto a contenidos inadecuados en Internet

Como padres, es normal que nos angustiemos al darnos cuenta de que nuestro hijo ha estado expuesto a contenidos que jamás querríamos que viera. Muchas veces, las emociones nos desbordan, y corremos el riesgo de reaccionar de una forma que le avergüence y acabe impulsándole a ser aún más reservado respecto al contenido que ve. A continuación, encontrarás algunos pasos que puedes aplicar en este caso:

1. Lo primero que debes hacer si tu hijo ha estado expuesto a algún tipo de contenido inadecuado es procurar mantener la calma y controlar tus propias emociones.

2. El siguiente paso es enfocar el diálogo con una actitud abierta y comprensiva. En lugar de centrarte en los sentimientos de culpa y vergüenza, plantéale a tu hijo preguntas como «¿Qué contenía exactamente el vídeo?», «¿Cómo llegaste a esa página?» o «¿Cómo te ha hecho sentir?».

Este tipo de cuestiones os permitirán mantener una comunicación abierta y le ayudarán a procesar la situación y a aprender de ella.

3. Es importante que hables con él sobre la seguridad, la salud y la importancia de diferenciar el contenido adecuado del que no lo es. Como es lógico, este tipo de conversaciones irán evolucionando a medida que tu hijo crezca; por eso es fundamental que se conviertan en una parte habitual de vuestra rutina familiar. Explícale qué tipo de contenido consideras que es apto para él y por qué, así como los efectos perjudiciales que puede tener sobre su salud el hecho de consumir contenidos inapropiados para su edad.

4. Habla claramente con él de lo que debe hacer si se encuentra accidentalmente con algún contenido que considere que no es seguro o saludable para él. Si mantenéis una buena comunicación y te centras en apoyarle, aumentarás las probabilidades de que te lo cuente en el caso de que suceda.

Estadísticas de ciberseguridad

La ciberseguridad es un gran problema, y solo se está haciendo más grande. A medida que aumentan diariamente los intentos de phishing, el malware, el robo de identidad y las enormes filtraciones de datos, el mundo se enfrenta a una epidemia que solo se resolverá con medidas a nivel mundial.

El panorama de la ciberseguridad está cambiando, y es obvio que las amenazas cibernéticas se están volviendo más sofisticado y más difícil de detectar, además, están atacando con más frecuencia.

Todos deben hacer su parte para prepararse y combatir los ciberdelitos. Eso significa hacer que las mejores prácticas de INFOSEC sean rutinarias y saber cómo manejar y reportar amenazas cibernéticas potenciales.

La Comisión de Banda Ancha para la Sostenibilidad (2019) establece que dentro de los problemas actuales para hacer frente a la explotación sexual y otros daños en línea de niñas, niños y adolescentes se encuentran «la falta de estándares, definiciones y formatos de colaboración transfronterizos y la falta de datos e investigación que aborden el problema a nivel mundial» (pp.11-12), lo que dificulta evaluar el alcance del problema en toda su dimensión y aunar esfuerzos para su terminación.

Sin embargo, algunas organizaciones han tomado iniciativas para formular políticas, reformar legislaciones, sensibilizar y hacer alianzas público-privadas para erradicar la explotación y el abuso sexual en línea. Los repositorios de material de explotación y abuso sexual en línea internacionales «se centran en material de abuso sexual no descubiertos para identificar víctimas, perpetradores y escenas del crimen» (Veli, 2019, p.1). De estos repositorios también se realizan informes anuales que permiten presentar algunas cifras de explotación sexual en línea y los perfiles de las víctimas.

3 de cada 4 (76% o 29,312) imágenes ovideos de uno mismo generado abuso sexualinfantil muestra a una niña de 11 a 13 años. El95% de las víctimas son niñas, el 2% son niños y el 3% es de ambos sexos (IWF, 2019,p.57).

En el año 2019 hubo 183,788 informes de contenido de abuso sexual infantilingresado en ICCAM, en los que el 91% de las víctimas eran niñas, el 7% eran niños y el 2% niños de ambos sexos. El promedio de edad de las víctimas es cada vez más joven: 92% de las víctimas era menor de 13años (INHOPE, 2019, pp. 30-33).

En el año 2019 hubo 183,788 informes de contenido de abuso sexual infantil ingresado en ICCAM, en los que el 91% de las víctimas eran niñas, el 7% eran niños y el 2% niños de ambos sexos. El promedio de edad de las víctimas es cada vez más joven: 92% de las víctimas era menor de 13 años (INHOPE, 2019, pp. 30-33).

Al mes de octubre del 2020, la Base de Datos de la Organización Internacional de Policía Criminal (INTERPOL) sobre Explotación Sexual de Niños (ICSE, por sussiglas en inglés) contiene 2,7 millones de imágenes y vídeos, de los cuales se han identificado 23,564 víctimas y 10,752 delincuentes (INTERPOL, 2020b, octubre).

8

HERRAMIENTAS DE CONTROL

PARENTAL

Si te estás planteando seriamente la posibilidad de empezar a utilizar una herramienta de control parental, debes saber que no estás solo: el 80% de los padres supervisa de alguna forma el uso que hacen sus hijos de los dispositivos electrónicos. Sin embargo, ¿de verdad es necesario recurrir a este tipo de aplicaciones? ¿Y cuál es el momento más adecuado para hacerlo? Tanto si tus hijos acaban de empezar a utilizar la tecnología por sí mismos como si ya disponen de varios dispositivos, los controles parentales pueden ser muy útiles para las familias en todo tipo de situaciones. En este artículo repasamos algunas de ellas.

Acabas de regalarles a tus hijos su primer smartphone

Si has decidido hace poco que tus hijos ya están preparados para disponer de su propio teléfono, utilizar una herramienta de control parental puede ser una excelente idea. El hecho de tener de repente tanta información y opciones de comunicación al alcance de la mano es una gran responsabilidad, y establecer unos límites claros desde el principio es la mejor forma de ayudarles a usar su nuevo móvil —y cualquier otro dispositivo digital al que puedan acceder en el futuro— de forma segura y saludable.

Por ejemplo, Qustodio te permite asegurarte de que tus hijos no están expuestos a contenidos inadecuados en Internet. Puedes bloquear categorías enteras de contenido, como las redes sociales, y permitir otras más productivas, como las aplicaciones educativas. También puedes activar la función Búsqueda segura para evitar que se muestren contenidos perjudiciales en los resultados cuando realicen búsquedas desde su navegador web. Por último, el panel de control en tiempo real de Qustodio te muestra todos los sitios web que tus hijos han visitado, por lo que puedes bloquear aquellos que no consideres apropiados y hablar con ellos de cualquier tema preocupante que hayas observado.

A tus hijos le cuesta descansar bien

No podemos pasar por alto la importancia de dormir, sobre todo en el caso de los niños. Disfrutar regularmente de una noche de sueño reparador:

- Fortalece el sistema inmunológico.
- Potencia la capacidad de atención.
- Facilita el aprendizaje.
- Refuerza la memoria.
- Contribuye a mejorar el bienestar físico y mental general.

Sin embargo, el uso de los dispositivos tecnológicos hace que cada vez nos cueste más descansar bien por la noche tanto a los niños como a los adultos. La luz azul de las pantallas altera nuestros niveles de melatonina y dificulta la conciliación del sueño —por no mencionar el molesto sonido de las notificaciones de los mensajes instantáneos y la tentación de ver un último vídeo en TikTok—.

Desarrollar unos hábitos de sueño saludables es mucho más fácil con una aplicación de control parental. Puedes utilizar Qustodio para establecer unos horarios de uso y bloquear automáticamente los dispositivos de tus hijos a las horas que elijas. Te recomendamos que configures un periodo de descanso una hora antes de que se vayan a la cama y hasta la mañana siguiente. De esta forma, les resultará más fácil relajarse realizando actividades en el mundo real como la lectura y no se despertarán en mitad de la noche a causa de las notificaciones.

Se distraen mientras hacen los deberes

¿A tus hijos les cuesta terminar los deberes sin consultar las redes sociales? ¿Alguna vez han abierto YouTube con el fin de buscar información y han acabado viendo una interminable sucesión de vídeos inconexos? El hecho de que la tecnología haya pasado a ser una parte fundamental de la educación de muchos niños hace que muchas veces sea imposible prohibirles totalmente el uso de los dispositivos electrónicos mientras hacen los deberes, lo que se convierte en un quebradero de cabeza cuando intentamos encontrar un equilibrio entre la tecnología y el aprendizaje.

Sin embargo, las herramientas de control parental pueden ayudar a tus hijos a seguir siendo productivos y a concentrarse en lo que están haciendo cuando lo necesitan. Por ejemplo, la función Monitorización de YouTube de Qustodio te ofrece la posibilidad de ver fácilmente qué vídeos reproducen —puedes incluso revisar su contenido tú mismo—

para asegurarte de que no se desvían del tema que están estudiando. También puedes bloquear y configurar límites de tiempo en los juegos y las aplicaciones que usan, lo que les permitirá gestionar mejor su tiempo y reducirá el riesgo de que se distraigan.

Han empezado a salir de casa solos

Para un niño, poder quedar con sus amigos o ir al colegio sin la supervisión de un adulto es un paso importante a la hora de desarrollar su autonomía. Como padres, no siempre es fácil saber cuándo es el momento adecuado para permitírselo —e incluso cuando estés seguro de que tus hijos están preparados, lo más probable es que sigas preocupándote por ellos—.

Las aplicaciones de control parental pueden ser la solución para garantizar tu tranquilidad en este aspecto. El Localizador familiar de Qustodio te permite guardar una lista de los sitios que suelen visitar tus hijos. Una vez configurado, recibirás una notificación cada vez que lleguen o se vayan de estos lugares, por lo que ya no tendrás que volver a recordarles que te avisen cuando salgan. Además, podrás ver su historial de localizaciones de forma cronológica y comprobar cuál ha sido su última ubicación en el mapa.

Te preocupa que pasen demasiado tiempo delante de la pantalla

Permitir que tus hijos hagan un uso ocasional de la tecnología no tiene por qué ser necesariamente perjudicial para ellos, siempre que sea para consumir contenidos positivos y con moderación. Sin embargo, el uso excesivo de las pantallas se asocia con el desarrollo de diferentes trastornos en los niños, como falta de habilidades sociales, baja autoestima corporal y problemas de memoria. Aunque no existe una recomendación específica respecto al tiempo que deben utilizarse este tipo de dispositivos, normalmente los expertos aconsejan limitar su uso a un máximo de 2 horas diarias si tus hijos son preadolescentes y adecuar esta decisión a sus circunstancias particulares en el caso de que hayan llegado a la adolescencia.

Una vez que hayas decidido cuánto tiempo podrán estar conectados cada día, utilizar una herramienta de control parental te facilitará mucho la tarea de aplicar estos límites. Con Qustodio, puedes configurar unos límites de uso diarios para toda la semana, de forma que sus dispositivos se bloqueen automáticamente una vez que agoten el tiempo que has establecido. Estos límites periódicos y el bloqueo automático son una buena forma de ayudarles a desarrollar unos hábitos saludables y de evitar tener que pedirles una y otra vez que apaguen los dispositivos.

¿Cómo puedo incorporar las herramientas de control parental en nuestra vida familiar?

Ya has decidido que utilizar una aplicación de control parental es la mejor solución para tu familia. ¿Hay algo que debas hacer antes de configurarla? Siempre es recomendable que te sientes tus hijos y hables con ellos sobre tu decisión. Es posible que al principio se muestren reticentes y sientan que les estás espiando, o que argumenten que eres el único padre de su grupo de amigos que utiliza este tipo de herramientas.

Si haces hincapié en los riesgos que te preocupan y les explicas las razones que han motivado tu decisión, les resultará más fácil entender por qué este tipo de controles son tan importantes. Asimismo, también es una buena idea que establezcáis juntos los límites: crear un acuerdo digital al que toda la familia pueda contribuir os facilitará mucho las cosas a la hora de tomar decisiones de mutuo acuerdo, lo que aumentará las probabilidades de que tus hijos se ciñan a ellas.

Teniendo todo esto en cuenta, las aplicaciones de control parental son una herramienta muy práctica para cualquier padre. Si, además, hablas regularmente con tus hijos sobre cómo proteger su seguridad en Internet, pueden ser tu mejor aliado para ayudarles a convertirse en unos ciudadanos digitales saludables desde el primer día y resolver cualquier problema que pueda surgir durante el proceso.

Contenido Restrictivo En Internet

Los niños son curiosos por naturaleza. Eso no tiene por qué ser necesariamente algo negativo, pero también puede conllevar algunos riesgos, sobre todo a la hora de consumir contenidos en la red. Casi todos los jóvenes estarán expuestos a algún tipo de contenido inadecuado para su nivel de desarrollo en Internet en algún momento de su infancia o de su adolescencia.

La mayor parte de estas exposiciones son accidentales, especialmente en el caso de los niños pequeños. No obstante, a medida que crecen, es más probable que la curiosidad les impulse a buscar intencionadamente información y otro tipo de contenidos sobre temas que preferirías que no buscaran. Saber cómo apoyar a nuestros hijos y abordar estos temas es una parte fundamental de nuestra labor como padres en el mundo digital.

El tema que más preocupa a los padres en este sentido es la posibilidad de que la pornografía promueva actividades sexuales poco saludables o peligrosas. Sin embargo, cualquier tipo de contenido que no sea adecuado para su edad puede generar miedo y ansiedad en los jóvenes, tanto si es de naturaleza sexual como si no.

Esto puede incluir contenido o historias de carácter dramático que excedan su grado de madurez, cualquier tipo de violencia, el uso de sustancias, comportamientos autolesivos o cualquier tipo de información que sean demasiado jóvenes para entender. A mi consulta acuden con frecuencia niños que ocultan lo que ven en Internet porque tienen miedo o les da vergüenza hablar con los adultos de su entorno sobre ello, y muchas veces ese secretismo les genera una gran confusión y ansiedad que termina afectando a sus relaciones y a su comportamiento diarios.

¿Por qué hay tantos contenidos alarmantes en YouTube?

YouTube se ha convertido en una de las plataformas preferidas de los niños —incluidos los niños pequeños— para consumir contenido en Internet. Aunque algunos de los vídeos que contiene son seguros para nuestros hijos, adecuados para su nivel de desarrollo y una buena forma de entretenimiento, la realidad es que cada vez hay más vídeos que no cumplen ninguno de estos requisitos.

Es posible que alguna vez te hayas sentado con tu hijo a ver sus dibujos favoritos en la tableta, solo para descubrir más tarde que también había visto varios vídeos inadecuados sin que tú lo supieras. Se trata de una experiencia habitual para muchos padres, y los algoritmos y las funciones de reproducción automática de YouTube (y de otras plataformas) pueden provocar que los niños estén expuestos a contenidos a los que ni ellos ni sus progenitores querían acceder.

Es importante que los padres seamos conscientes de que muchos de los vídeos que hay en Internet contienen palabras, nombres de personajes y otros elementos en el título que pueden hacernos suponer que son seguros y aptos para los más pequeños, cuando en realidad no es así. En YouTube y en YouTube Kids podemos encontrar canales enteros dedicados a contenidos que en el mejor de los casos son desagradables para los niños y, en el peor, perjudiciales camuflados bajo títulos que parecen relativamente inocentes.

Por eso, es fundamental que supervisemos los vídeos que ven nuestros hijos y utilicemos la configuración y otro tipo de controles parentales para limitar su exposición al contenido inapropiado.

talking to your child about inappropriate content

Cómo actuar si tu hijo ha estado expuesto a contenidos inadecuados en Internet

Como padres, es normal que nos angustiemos al darnos cuenta de que nuestro hijo ha estado expuesto a contenidos que jamás querríamos que viera. Muchas veces, las emociones nos desbordan, y corremos el riesgo de reaccionar de una forma que le avergüence y acabe impulsándole a ser aún más reservado respecto al contenido que ve.

A continuación, encontrarás algunos pasos que puedes aplicar en este caso:

1. Lo primero que debes hacer si tu hijo ha estado expuesto a algún tipo de contenido inadecuado es procurar mantener la calma y controlar tus propias emociones. Lo mejor suele ser esperar a calmarte y planificar cuidadosamente la conversación antes de abordar la situación con él.

2. El siguiente paso es enfocar el diálogo con una actitud abierta y comprensiva. En lugar de centrarte en los sentimientos de culpa y vergüenza, plantéale a tu hijo preguntas como «¿Qué contenía exactamente el vídeo?», «¿Cómo llegaste a esa página?» o «¿Cómo te ha hecho sentir?». Este tipo de cuestiones os permitirán mantener una comunicación abierta y le ayudarán a procesar la situación y a aprender de ella.

3. Es importante que hables con él sobre la seguridad, la salud y la importancia de diferenciar el contenido adecuado del que no lo es. Como es lógico, este tipo de conversaciones irán evolucionando a medida que tu hijo crezca; por eso es fundamental que se conviertan en una parte habitual de vuestra rutina familiar. Explícale qué tipo de

contenido consideras que es apto para él y por qué, así como los efectos perjudiciales que puede tener sobre su salud el hecho de consumir contenidos inapropiados para su edad.

4. Es posible que no tengas del todo claro cuál es la mejor forma de enseñarle a reconocer este tipo de contenidos en Internet. A continuación, encontrarás algunas preguntas que pueden ayudarle a reflexionar sobre lo que es recomendable que vea y lo que no:

¿Te sentirías cómodo viendo ese vídeo en concreto con tus padres?

¿Hay algo en él que no entiendas?

¿Alguna de las personas que aparecen en el video sufre algún daño?

¿Las personas del vídeo están vestidas o desnudas?

5. Habla claramente con él de lo que debe hacer si se encuentra accidentalmente con algún contenido que considere que no es seguro o saludable para él. Si mantenéis una buena comunicación y te centras en apoyarle, aumentarás las probabilidades de que te lo cuente en el caso de que suceda.

Asegúrate de que tu hijo sabe a quién puede acudir para hablar de estos temas y enséñale a denunciar esta clase de vídeos y otro tipo de contenidos en las aplicaciones que utiliza. Ayudarle a denunciar el contenido inadecuado también es una buena forma de darle ejemplo respecto a las medidas que puede tomar para protegerse a sí mismo y a los demás.

Cómo proteger a los niños del contenido inadecuado en Internet

Como pasa con todo en la vida, lo mejor es optar por la prevención siempre que sea posible. Aunque no podemos evitar totalmente que nuestros hijos estén expuestos a contenidos inapropiados en Internet en algún momento —incluso estableciendo las mejores protecciones de las que disponemos—, hay algunas medidas proactivas que podemos tomar como padres para minimizar el problema. Utilizar los controles parentales nativos de los dispositivos y las aplicaciones es el primer paso —y el más sencillo—.

Aparte de eso, yo recomiendo encarecidamente utilizar una herramienta como Qustodio para establecer límites y supervisar de forma más efectiva la actividad digital de nuestros hijos y su comportamiento en Internet. Asimismo, también es fundamental que abordemos estos temas desde una edad temprana y de forma regular, ya que los niños que han aprendido a diferenciar el contenido adecuado del inadecuado están mejor preparados para gestionar estas situaciones cuando se ven obligados a enfrentarse a ellas.

TERMINOLOGIA

AI-INTELIGENCIA ARTIFICIAL

Son los sistemas o la combinación de algoritmos con el propósito de crear máquinas que imitan la inteligencia humana para realizar tareas y pueden mejorar conforme la información que recopilan. La inteligencia artificial no tiene como finalidad reemplazar a los humanos, sino mejorar significativamente las capacidades y contribuciones humanas.

ANTIVIRUS

Programa cuya finalidad es prevenir los virus informáticos, así como curar los ya existentes en un sistema. Estos programas deben actualizarse periódicamente.

AMENAZA

"Factor de riesgo externo representado por un peligro latente asociado a un fenómeno natural, tecnológico o humano, pudiendo manifestarse en un sitio específico por un tiempo determinado, produciendo efectos adversos a personas o bienes." [Maskrey 1993]

AMENAZAS INFORMÁTICAS

Se entiende como amenaza informática toda aquella acción que aprovecha una vulnerabilidad para atacar o invadir un sistema informático. Las amenazas informáticas para las empresas provienen en gran medida de ataques externos, aunque también existen amenazas internas (como robo de información o uso inadecuado de los sistemas).

AUDITORIA INFORMATICA

Es un proceso que consiste en recopilar, agrupar y evaluar evidencias que permiten determinar si el sistema informático utilizado por una empresa mantiene la integridad de los datos, cumple con los protocolos establecidos, hace un uso eficiente de los recursos, cumple con las normativas y leyes establecidas que regulan la materia.

BLUETOOTH

Es una tecnología de transmisión de datos inalámbrica pensada para ser usada para intercambiar información entre dispositivos portables o fijos situados a muy poca distancia entre ellos, con un alcance aproximado de hasta 10 metros en la mayoría de casos, aunque teóricamente en las últimas versiones se haya conseguido aumentar ese rango.

CIBERACOSO

Tener cuidado por parte de los padres una conducta caracterizada por el uso excesivo de los dispositivos electrónicos llegando al límite de dejar de comer, dormir, cumplir con las responsabilidades **navegar** muchas horas en internet y que esto afecta el normal desarrollo de su vida cotidiana

CIBERDEPENDENCIA

1.Víctimas de acoso, agresión, violencia o maltrato a través de internet.

2. Amenazas por alguien con quien compartió fotos íntimas a través de internet o redes sociales.

CIBERSEGURIDAD

Internet sirve para encontrar información, chatear, estar en contacto con las personas que quieres, seguir con tus estudios y también encontrar mucho contenido para divertirte. Lo malo es que internet también representa riesgos. Se puede filtrar información, robar, secuestrar. Por ellos es necesario tomar medidas preventivas los Padres.

CIBERBULLYING

O acoso virtual es un acto agresivo e intencionado, llevado a cabo de manera repetida a través del contacto electrónico por parte de un grupo o de un individuo contra una víctima que no puede defenderse fácilmente.

CIBERVIOLENCIA

La ciberviolencia de género consiste en el acoso producido por parte de una persona hacia otra del sexo opuesto utilizando las nuevas tecnologías y todas las herramientas que proporciona internet. Las redes sociales, los foros, los juegos online, los chats... son lugares muy comunes en los que se da este tipo de violencia, por lo que resulta imprescindible conocer qué es la ciberviolencia de género.

CLIENTE

Es un ordenador o software que accede a un servidor y recupera servicios especiales o datos de él. Es tarea del cliente estandarizar las solicitudes, transmitirlas al servidor y procesar los datos obtenidos para que puedan visualizarse en un dispositivo de salida como una pantalla.

CÓDIGOS

Son el lenguaje universal que se utiliza para crear y dar formato a los sitios web. Funcionan en cualquier sistema operativo (Windows, Mac, Linux, etc.) y con cualquier navegador (Chrome, Explorer o Mozilla).

CÓDIGO MALICIOSO

Es un tipo de código informático o script web dañino diseñado para crear vulnerabilidades en el sistema que permiten la generación de puertas traseras, brechas de seguridad, robo de información y datos, así como otros perjuicios potenciales en archivos y sistemas informáticos.

DEFACEMENT

Ataque en el que un ciberdelincuente modifica una página web de contenido, un aspecto, ya sea aprovechándose de vulnerabilidades que permiten el acceso al servidor donde se encuentra alojada la página, o vulnerabilidades del propio gestor de contenidos de software desactualizado o plugins no oficiales.

DOMINIO

Sistema de denominación de hosts (estaciones de trabajo) en red, está formado por un conjunto de caracteres el cual identifica un sitio de la red accesible por un usuario.

ENCRIPTAR

Cifrado. Tratamiento de un conjunto de datos, contenidos o no en un paquete, a fin de impedir que nadie excepto el destinatario de los mismos pueda leerlos. Hay muchos tipos de cifrado de datos, que constituyen la base de la seguridad de la red.

GATEWAY

Es un punto de red que actúa como entrada a otra red.

GRUPO

Es un espacio similar a la página, al que se le agrega un foro o un ámbito de discusión en el cual usuarios y usuarias conversan sobre diferentes tópicos relacionados con el tema que los convoca.

GROOMING

Las acciones con fines sexuales de las que son víctimas niñas, niños y adolescentes en el entorno digital. Una de las formas que suelen utilizar los agresores sexuales es crear perfiles falsos para ganarse la confianza de un menor de edad con la intención de seducirlo, manipularlo, incitarlo a involucrarse en actividades sexuales y luego violentarlo sexualmente.

HARDWARE

Maquinaria. Componentes físicos de una computadora o de una red (a diferencia de los programas o elementos lógicos que los hacen funcionar)

HARDENING

(palabra en inglés que significa endurecimiento, **proceso para endurecer vulnerabilidades**).

En seguridad informática es el proceso de asegurar un sistema, esto se logra eliminando software, servicios, usuarios, etc.; innecesarios en el sistema; así como cerrando puertos que tampoco estén en uso además de muchas otros métodos y técnica.

HACKERS:

Hacker se referirse a una persona o a una comunidad que posee conocimientos en el área de informática y se dedica a acceder a sistemas informáticos para realizar modificaciones en el mismo.

HACKERS WHITE HAT (O de sombrero blanco)

Son aquellos que se basan en la ética. Desarrollan su trabajo fortaleciendo y protegiendo los sistemas informáticos de sus clientes, ocupando así puestos importantes en las empresas de seguridad informática. Hacen auditorias informáticas (Es un proceso que consiste en recopilar, agrupar y evaluar evidencias que permiten determinar si el sistema informático utilizado por una empresa mantiene la integridad de los datos, y cumple con los protocolos), Hacen un uso eficiente de los recursos, cumple con las normativas y leyes establecidas que regulan la materia.

en los sistemas para así protegerlos del ataque de otros hackers. Son esenciales para que las grandes empresas dispongan de una red sólida.

HACKERS BLACK HAT (O de sombrero negro son aquellos que usan sus conocimientos para hacer el mal).

Estos son los verdaderos ciberdelincuentes En la inmensa mayoría de casos, lucrarse). Detectan fallas en los sistemas de seguridad informáticos para así romperlos y acceder a zonas restringidas donde pueden obtener información secreta. De este modo, clonan tarjetas de crédito, suplantan identidades, extraen información para chantajear.

HACKERS RED HAT (O de sombrero rojo son aquellos que podrían entenderse como los Robin Hood del mundo de los hackers).

Son aquellos que actúan contra los hackers de sombrero negro con el objetivo de derribar su infraestructura, pirateando los sistemas de estos hackers negros, deteniendo los ataques que estos realizan.

IMPACTO

"Cuantificación del daño ocasionado una vez materializada la amenaza"

IP

Una dirección IP es un número que identifica de forma única a una interfaz en red de cualquier dispositivo conectado a ella que utilice el protocolo IP (Internet Protocol), que corresponde al nivel de red del modelo TCP/IP.

FIRMWARE

Todos los componentes electrónicos de nuestro PC tienen un firmware. Este software es una pieza básica para el funcionamiento de los mismos, pero, aun así, todavía hay usuarios que no saben qué es y la importancia que tiene su presencia en nuestros componentes.

NFC

O Comunicación de Campo Cercano, es una tecnología para el intercambio de datos entre un lector y cualquier terminal móvil compatible o entre los propios terminales. Es la tecnología que utiliza su tarjeta bancaria para el pago sin contacto, o su tarjeta de transporte. La ventaja de esta tecnología es que, en principio, no se requiere ninguna aplicación. Todo lo que tienes que hacer es reunir a los dos medios de comunicación.

NOTICIAS FALSAS

Las noticias falsas son más compartidas, desafortunamente, que las verdaderas por eso debemos ser cuidadosos con lo que compartimos en redes sociales

MALWARE

Cualquier programa cuyo objetivo sea causar daños a computadoras, sistemas o redes y, por extensión, a sus usuarios.

PAGINA

En general, las páginas de Facebook están dedicadas a productos, marcas, artistas, películas de cine, etc. En esos espacios los usuarios y usuarias intercambian información relacionada con el tema que los convoca.

PERFIL

Es la identidad que una persona tiene en las redes sociales. Puede incluir desde la fecha de nacimiento hasta el lugar donde trabaja o estudia, pasando por muchas de sus preferencias en cuestiones como música, libros, cine o moda. Además, los usuarios y usuarias

PHARMING.

Buscan engañar a los usuarios de internet para quedarse con información personal y datos bancarios.

PHISHING

Es un delito cibernético que utiliza la mentira y el engaño para robar datos personales que pueden terminar en suplantación de identidad o robo

RIESGO

Probabilidad de que una amenaza explote una vulnerabilidad.

• Probabilidad o posibilidad de que se produzca un accidente:

• incendio provocado, hurtó, sabotaje, intrusión, secuestro, asesinato, otros.

RIESGO DE SEGURIDAD INFORMÁTICA

Es en el sentido extenso de la palabra cualquier cosa en su computadora que pueda dañar o robar sus datos o permitir que otra persona acceda a su computadora, sin su conocimiento o consentimiento. Hay muchas cosas diferentes que pueden crear un riesgo para la computadora, incluido el malware, un término general que se usa para describir muchos tipos de software malo. Comúnmente pensamos en virus informáticos, pero existen varios tipos de software defectuoso que pueden crear un riesgo para la seguridad informática, incluidos virus, gusanos, ransomware, spyware y troyanos. La configuración incorrecta de los productos informáticos, así como los hábitos informáticos inseguros, también presentan riesgos. Veamos estos con más detalle.

ROBO DE IDENTIDAD

Alguien se ha hecho pasar por ti en una red social

ROUTER

Un router es un dispositivo que ofrece una conexión Wifi, que normalmente está conectado a un módem y que envía información de Internet a tus dispositivos personales, como ordenadores, teléfonos o tabletas. Los dispositivos que están conectados a Internet en tu casa conforman tu red de área local (LAN). Una vez que un módem recibe información de Internet, el router la envía a los dispositivos personales.

ROUTERS

Es un dispositivo que determina el siguiente punto de la red hacia donde se dirige un paquete de data en el camino hacia su destino.

SEGURIDAD

Todo lo que hacemos para evitar riesgos y peligros.

Ciencia empírica y multidisciplinar, que estudia las amenazas, riesgo y vulnerabilidades de las personas, los bienes muebles e inmuebles y la información buscando soluciones que permitan con garantía y eficacia mantener la integridad y continuidad

SEGURIDAD EN LAS COMUNICACIONES Y SISTEMA

Es el conjunto de normas y medidas que se toman con el objeto de impedir la interpretación de las mismas, así como protegerlas de una interferencia, análisis de tráfico o engaño por imitación

SEGURIDAD DE INFORMACION

Conjunto de procedimientos encaminados a impedir la divulgación y conocimiento por parte de personal no autorizado documentos o material que puedan perjudicar el funcionamiento de la organización.

SERVIDOR

Computadora que maneja peticiones de data, email, servicios de redes y transferencia de archivos de otras computadoras (clientes).

SEXTING

Contenido sexualmente explícito a través de redes sociales o chats de forma voluntaria. Es enviar fotos o videos de uno/a mismo/a con carácter sexual a otra persona mediante un dispositivo como teléfono o Tablet. Aunque hacerlo es una decisión muy personal, es importante saber que es una práctica riesgosa.

SEXTORSIÓN

Práctica que consiste en extorsionar a una persona con mensajes, imágenes o videos con contenido sexual que ella misma generó, amenazándola con publicar el material si no lleva a cabo una acción específica.

SISTEMA OPERATIVO

Es el software que coordina y dirige todos los servicios y aplicaciones que utiliza el usuario en una computadora, por eso es el más importante y fundamental.

SOFTWARE

Se refiere a programas en general, aplicaciones, juegos, sistemas operativos, utilitarios, antivirus, etc. Lo que se pueda ejecutar en la computadora.

SCAREWARE

Es un malware con el que los cibercriminales asustan a los usuarios para que visiten un sitio web infectado. Aparece principalmente en ventanas emergentes en las que se comunica cómo se puede eliminar un virus informático que aparentemente existe en el dispositivo. Cuando el usuario da clic en esta ventana, realmente lo dirige a un sitio infectado que propicia la instalación de malware sin notarlo.

SPOOFING

Falsificación de la página web por medio de diferentes técnicas.

VULNERABILIDAD

Factor de riesgo interno de un sistema expuesto a una amenaza, y se corresponde con su predisposición intrínseca a ser afectado o susceptible de daño." [Cardona 1993]

VULNERABILIDADES PSICOLÓGICAS

Los agresores buscan persuadir y convencer a sus víctimas de forma insistente.

SWITCHES: Equipo que por medio de la dirección física del equipo (Mac address) en los paquetes de data determina a que puerto reenviar la data. Usualmente se asocia con el Gateway.

TI: Tecnologías de la información

UPS

Siglas en ingles de Uninterruptible Power Suply, es un aparato que incluye una batería que en caso que se vaya la electricidad, puede, por ejemplo, mantener una computadora funcionando lo suficiente para que el usuario pueda apagarla y guardar data importante.

URL

Se conoce en informática como URL (siglas del inglés: Uniform Resource Locator, es decir, Localizador Uniforme de Recursos) a la secuencia estándar de caracteres que identifica y permite localizar y recuperar una información determinada en la Internet. Eso que escribimos en la casilla del navegador o explorador para visitar una página web determinada, comúnmente referido como "dirección", es justamente su URL. Así como en la vida real cada casa o negocio tiene una dirección postal necesaria para enviarle algo por correo, en Internet cada recurso (imagen, video, texto, audio o página web) posee una dirección asociada, que es necesario tener para tener acceso a la información. Por ejemplo, el buscador más popular en la web, "Google", responde a la URL https://www.google.com en general, pero sus versiones nacionales personalizadas poseen direcciones levemente

USUARIO

En informática y la cultura Web, se entiende por usuario a un conjunto de permisos y de recursos asignados a un operador como parte de una red informática, y que bien puede ser una persona, un programa informático o un computador.

VISHING

Es de la línea del phishing, pero en este ataque los cibercriminales utilizan llamadas y mensajes de voz para hacer caer a las víctimas: falsifican números de teléfono y se hacen pasar por una persona de confianza o con autoridad, por ejemplo, alguien del banco, un representante de otra empresa con la que se tenga un servicio o incluso, un compañero del área informática o de tecnología.

Durante la llamada el delincuente le solicita a la víctima información o le hace algunas preguntas sobre su identidad con el pretexto de ofrecerle un mejor servicio o ayudarlo a resolver algún inconveniente.

VULNERABILIDAD

Una vulnerabilidad en ciberseguridad es una falla en la seguridad informática que pone en peligro al sistema. Es decir, que se trata de un bug que puede usar un atacante con fines maliciosos.

Punto físico, aspecto personal o comportamiento suficientemente débil que permite ser aprovechado por otros individuos, que puede ser herido o dañado. Que se puede quebrantar o perjudicar.

VIRUS: Programa que se duplica a sí mismo en un sistema informático incorporándose a otros programas que son utilizados por varios sistemas.

WIFI

Es el nombre que recibe una familia de protocolos de red inalámbrica que permiten a los dispositivos electrónicos modernos, como smartphones, portátiles y diversos artilugios del Internet de las Cosas, conectarse de forma inalámbrica a un router habilitado para Wifi con el fin de acceder a Internet.

ZOMBIES

En informática, un zombie -o zombi- es un ordenador conectado a la red que ha sido comprometido por un hacker, un virus informático o un troyano. Puede ser utilizado para realizar distintas tareas maliciosas de forma remota.

La mayoría de propietarios de ordenadores zombies no son conscientes de que su sistema está siendo utilizado de esta manera, de ahí la comparación con muertos vivientes. Además, se utilizan en los ataques DDoS coordinados con múltiples máquinas botnet que se asemejan a ataques de hordas de zombis, como los que aparecen en las películas de terror.

BIBLIOGRAFÍA

- Sosa González Rafael Darío-Manual Seguridad Informatica.2020
- Sosa González Rafael Darío-Manual director de Seguridad.2021
- Proteja a sus hijos blog Sewogroup. Mayra Alejandra Páez Lancheros
- La Era de la Tecnología blog Sewogroup. Janer Quintero A
- https://www.esedsl.com/blog/ciberataques-mas-comunes-durante-pandemia-covid-19-y-ejemplos
- -Que es riesgo, Diccionario de la lengua castellana
- - ¿Qué es ciberseguridad y de qué fases consta?: OBS business School.
- -Diez Principios para Reducir las Probabilidades de Ocurrencia y Minimizar Frecuencia, Impacto y Severidad de Delitos: Miguel Ángel González es Consultor de Seguridad.
- Ayuda de cuenta de Google. (s.f.). Cómo crear una contraseña segura y tener una cuenta más protegida. Recuperado el 26 de febrero de 2022, de https://support.google.com/accounts/answer/32040?hl=es-419#zippy=%2Ccrea-una-contraseña-más-extensa-y-que-puedas-recordar-mejor

- Belcic, I. (18 de diciembre de 2020). Los navegadores más seguros y privados de 2022. Recuperado el 26 de febrero de 2022, de https://www.avg.com/es/signal/best-browsers-most-security-privacy

- Ciappesoni, F. (28 de diciembre de 2018). La importancia de proteger nuestra identidad digital. Recuperado el 25 de febrero de 2022, de https://www.bbva.com/es/la-importancia-de-cuidar- nuestra-identidad-digital/

- FBI. (s.f.). Navegando el Internet a Salvo. Recuperado el 27 de febrero de 2022, de https://sos.fbi.gov/es/

- https://www.fortinet.com/lat/corporate/about-us/newsroom/press-releases/2021/america-latina- empieza-el-ano-con-mas-de-7-mil-intentos-ciberataques

- Fortinet. (15 de septiembre de 2021). Fortinet reporta que los ataques de ransomware se han multiplicado por   diez en   el   último año.   Recuperado   el   22   de   febrero de   2022,   de https://www.fortinet.com/lat/corporate/about-us/newsroom/press-releases/2021/fortinet-reporta- ataques-ransomware-multiplicado-diez-ultimo-ano

- ¿Cómo integrar las nuevas tecnologías en educación inicial? Jeanette Martinez.Educación Vol. XX, N° 39, 2011 / ISSN 1019-9403

- Gobierno de México. (1 de agosto de 2017). La importancia de la tecnología para las juventudes. Recuperado el 26 de febrero de 2022, de https://www.gob.mx/imjuve/articulos/la-importancia-de- la-tecnologia-para-las-juventudes

- INTERPOL. (abril de 2020). Ciberamenazas relacionadas con la COVID-19. Recuperado el 21 de febrero de 2022, de https://www.interpol.int/es/Delitos/Ciberdelincuencia/Cibe ramenazas-relacionadas- con-la-COVID-19

- Kaspersky. (s.f.). Cómo proporcionar seguridad en Internet para los niños. Recuperado el 25 de febrero de 2022, de https://latam.kaspersky.com/resource-center/preemptive-safety/internet-security-for-kids

- Kaspersky. (s.f.). Por qué son necesarias las copias de seguridad. Recuperado el 26 de febrero de 2022, de https://latam.kaspersky.com/resource-center/preemptive-safety/backup-files

- Microsoft. (2021). Crear y usar contraseñas seguras. Recuperado el 26 de febrero de 2022, de https://support.microsoft.com/es-es/windows/crear-y-usar-contraseñas-seguras-c5cebb49-8c53- 4f5e-2bc4-fe357ca048eb

- Ministerio de educación nacional de Colombia [MEN]. (30 de octubre de 2021). El Ministerio de Educación y CISCO lanzan la estrategia de Ciber Educación enfocada en Ciberseguridad para toda la comunidad educativa. Recuperado el 21 de febrero de 2022, de https://www.mineducacion.gov.co/portal/salaprensa/Notici as/407506:El-Ministerio-de-Educacion- y-CISCO-lanzan-laestrategia-de-CiberEducacion-enfocada-en-Ciberseguridad-para-toda-la- comunidad-educativa

- Ministerio de Tecnologías de la Información y las Comunicaciones de Colombia [MinTIC]. (2016). Guía para la Implementación de Seguridad de la Información en una MIPYME. Recuperado el 25 de febrero de 2022, de

  https://www.mintic.gov.co/gestionti/615/articles-5482_Guia_Seguridad_informacion_Mypimes.pdf

- Ministerio de Tecnologías de la Información y las Comunicaciones de Colombia [MinTIC]. (29 de diciembre de 2021). En Colombia, más de 346.000 familias de estratos 1 y 2 tienen Internet fijo subsidiado con programa del MinTIC. Recuperado el 23 de febrero de 2022, de https://www.mintic.gov.co/portal/inicio/Sala-de-prensa/Noticias/197883:En-Colombia-mas-de- 346-000-familias-de-estratos-1-y-2-tienen-Internet-fijo-subsidiado-con-programa-del-MinTIC

- Redacción Tecnosfera. (8 de febrero de 2019). Hasta Microsoft lo dice: no use más Internet Explorer. Recuperado el 25 de febrero de 2022, de https://www.eltiempo.com/tecnosfera/novedades-tecnologia/microsoft-lo-dice-internet-explorer-es-inseguro-y-pide-a-usuarios-no-utilizarlo-324558

- Revista Semana. (20 de diciembre de 2021). Crece cifra de ciberataques en Colombia: 7 de cada 10 personas ha sufrido uno. Recuperado el 21 de febrero de 2022, de https://www.semana.com/tecnologia/articulo/crece-cifra-de-ciberataques-en-colombia-7-de-cada- 10-personas-ha-sufrido-uno/202130/

- Soporte de Mozilla. (s.f.). Crear contraseñas más seguras para mantener tu identidad a salvo. Recuperado el 26 de febrero de 2022, de https://support.mozilla.org/es/kb/crear-contrasenas-mas-seguras-para- mantener-tu-identidad-a-salvo

- UNICEF. (diciembre de 2017). Niños en un mundo digital. Recuperado el 23 de febrero de 2022, de https://www.unicef.org/media/48611/file

- Universidad Externado de Colombia. (19 de junio de 2019). ¿Cuáles son los beneficios de usar el correo institucional? Recuperado el 27 de febrero de 2022, de https://micomunidadvirtual.uexternado.edu.co/cuales-son-los-beneficios-de-usar-el-correo- institucional/

- González D. y Tuana A. (2009) El género, la edad y los escenarios de la violencia sexual. Mastergraf. Montevideo.

- Observación general núm. 25 (2021) relativa a los derechos de los niños en relación con el entorno digital. Informe Mundial sobre la violencia contra los niños y niñas. ONU. UNICEF. Ginebra.

- Protocolo facultativo de la Convención sobre los Derechos del Niño relativo a la venta de niños, la prostitución infantil y la utilización de niños en la pornografía.

- https://www.websiterating.com/es/research/cybersecurity-statistics-facts/

- https://www.eltiempo.com/tecnosfera/novedades-tecnologia/ciberviolencia-las-mujeres-son-las-mayores-victimas-735102

- https://casaeditorialeltiempo.pressreader.com/article/282071986085912

ENLACES

- https://concepto.de/url/#ixzz7tyzPUtSf
- https://concepto.de/url/#ixzz7tyyr6SYb
- URL Fuente: https://concepto.de/url/#ixzz7tyyLDUI1
- Fuente: https://www.eltiempo.com/tecnosfera/novedades-tecnologia/ciberviolencia-las-mujeres-son-las-mayores-victimas-735102
- https://www.qustodio.com/es/blog/category/parenting-tips-es/page/2/

- https://concepto.de/servidor/#ixzz7tz2q8RXI
- https://aleph.org.mx/que-es-un-cliente-en-informatica-ejemplos
- https://hardzone.es/reportajes/que-es/firmware-sirve-actualizarlo/
- Fuente: https://concepto.de/sistema-operativo/#ixzz7tz4X13Pp
- https://www.netspotapp.com/es/blog/all-about-wifi/what-is-wifi.html
- https://www.geeknetic.es/Bluetooth/que-es-y-para-que-sirve
- https://nanova.org/nfc-que-es-como-funciona-y-para-que-sirve/
- https://mx.godaddy.com/blog/10-codigos-html-para-paginas-web-y-para-que-sirven/
- https://latam.kaspersky.com/resource-center/definitions/malicious-code
- Fuente: https://concepto.de/usuario/#ixzz7tzAwaW3r
- https://www.rentadvisor.com.co/riesgos-informaticos/
- https://www.ambit-bst.com/blog/tipos-de-vulnerabilidades-y-amenazas-inform%C3%A1ticas
- https://www.consumer.es/tecnologia/internet/sexting-riesgos-consejos.html
- https://www.icbf.gov.co/mis-manos-te-ensenan/del-sexting-al-ciberbullying-y-la-sextorsion
- https://www.tibbon.es/blog/adicciones/uso-de-internet-en-jovenes/

- https://latam.kaspersky.com/blog/sextortion-stats/7471/
- https://www.significados.com/hacker/
- https://medicoplus.com/ciencia/tipos-hackers
- https://www.ikusi.com/mx/blog/auditoria-informatica/
- https://www.piranirisk.com/es/blog/ingenieria-social-ciberataques-y-prevencion?hs_amp=true&utm_term=&utm_campaign=Matriz+de+Riesgos+-+General
- Que es prevención
  Fuente: https://concepto.de/prevencion/#ixzz7nMBb6HmF
- https://www.comparitech.com/blog/vpn-privacy/boundless-bullies/

ACERCA DEL AUTOR

RAFAEL DARIO SOSA GONZALEZ

Oficial de la reserva activa del Ejercito Nacional. De COLOMBIA.

Después de su retiro ha desempeñado los siguientes cargos: director de Seguridad en Servicios (INDUSTRIAS ARETAMA Ltda.). Jefe de Seguridad (COLTANQUES Ltda.). Director Operaciones (MEGASEGURIDAD LA PROVEEDORA Ltda.) Gerente (Propietario) ESCUELA NACIONAL DE VIGILANTES Y ESCOLTAS (ESNAVI LTDA.), Coordinador Proyecto Seguridad Aeronáutica (COSERVICREA Ltda.), Coordinador de Seguridad Proyecto Aeronáutica (COLVISEG Ltda.).

En el área de la docencia: se ha desempeñado como Docente en el Instituto de seguridad Latinoamericana (INSELA Ltda.) Docente de la Escuela Colombiana de Seguridad (ECOSEP Ltda.) Como Consultor Seguridad, Asesoró en Seguridad en Empresas como: ADRIH LTDA, POLLO FIESTA Ltda., SEGURIDAD ATLAS Y TRANSPORTE DE VALORES ATLAS Ltda., SEGURIDAD SOVIP Ltda.

Entre los estudios realizados: Diplomado en Administración de La Seguridad (UNIVERSIDAD MILITAR NVA GRANADA), Diplomado en Seguridad Empresarial (UNIVERSIDAD SAN MARTIN-ACORE):Diplomado Sociología para la Paz, Derechos Humanos, negociación y Resolución de Conflictos (CIDE-CRUZ

ROJA COLOMBIANA-ACORE) Diplomado en Gestión de la Seguridad (FESC-ESNAVI Ltda.) ,Programa maestro en Seguridad y Salud Ocupacional(CONSEJO COLOMBIANO DE SEGURIDAD), Liderazgo Estratégico en Dirección , Gerencia Estratégica en Servicio al Cliente(SENA) , Curso Seguridad Empresarial (ESCUELA DE INTELIGENCIA Y CONTRAINTELIGENCIA BG. CHARRY SOLANO), curso de Seguridad Electrónica básico (A1A), Curso Analista de Poligrafía (Pfisiólogo Poligrafista) Poligrafía Basic Voice Store Análisis (DIOGENES COMPANY), entre otros.

Adicionalmente se encuentra desarrollando Programa de entrenamiento para COACHES en INTERNACIONAL COACHING GROUP (ICG) Y DIPLOMADO PARA COACHING CRISTIANO (METODO CC).

Propietario de la Empresa Security Works www.sewogroup.com. Empresa al servicio de la seguridad y vigilancia privada en Latinoamérica. Actualmente se desempeña como director general SECURITY WORK S.A.S.

AUTOR: 20 Libros Colección de Seguridad entre otros Vigilancia Básico, Avanzada. Escolta Básico, Manual de Manejo Defensivo, Manual de Medios Tecnológicos, Manual Prevención Secuestro, Manual del Supervisor. Impresos con la Casa Editorial Security Works de Venta en todos los Países de Habla Hispana.

Proteja a sus hijos del Internet

LOS TITULOS DE LA COLECCIÓN SEGURIDAD PRIVADA

La colección Seguridad dirigida a profesionales de Latinoamérica, Europa, Israel, etc.

PUBLICADOS

01. Manual Para la Vigilancia Privada Básico.
02. Manual Para la Vigilancia Privada Avanzado.
03. Manual Básico del Supervisor de la Vigilancia.
04. Manual Básico del Escolta Privado.
05. Manual Avanzado del Escolta Privado
06. Manual Seguridad Medios Tecnológicos
07. Manual de Manejo Defensivo.
08. Manual de Vigilancia y Contra vigilancia.
09. Manual de Antiterrorismo.
10. Manual de Seguridad Aeronáutica.
11. Manual de Seguridad sin Recursos.
12. Manual de Seguridad Canina.
13. Manual de Seguridad residencial.
14. Manual de Autoprotección Secuestro
15. Manual de Seguridad Hotelera
16. Manual de Seguridad Hospitalaria
17. Manual de Seguridad Comercial
18. Manual de Seguridad Bancaria
19. Manual de Seguridad Empresarial
20. Manual del Directivo de Seguridad

Visite:

www.sewogroup.com

Representantes y
Distribuidores
http:/amazon.com

Visite:

www.sewogroup.com

Representantes y
Distribuidores
http:/amazon.com

LOS TITULOS DE LA COLECCIÓN SEGURIDAD PRIVADA

La colección Seguridad dirigida a profesionales de Latinoamérica, Europa, Israel, etc.

PUBLICADOS

01. Manual Para la Vigilancia Privada Básico.
02. Manual Para la Vigilancia Privada Avanzado.
03. Manual Básico del Supervisor de la Vigilancia.
04. Manual Básico del Escolta Privado.
05. Manual Avanzado del Escolta Privado
06. Manual Seguridad Medios Tecnológicos
07. Manual de Manejo Defensivo.
08. Manual de Vigilancia y Contra vigilancia.
09. Manual de Antiterrorismo.
10. Manual de Seguridad Aeronáutica.
11. Manual de Seguridad sin Recursos.
12. Manual de Seguridad Canina.
13. Manual de Seguridad residencial.
14. Manual de Autoprotección Secuestro
15. Manual de Seguridad Hotelera
16. Manual de Seguridad Hospitalaria
17. Manual de Seguridad Comercial
18. Manual de Seguridad Bancaria
19. Manual de Seguridad Empresarial
20. Manual del Directivo de Seguridad